달라도 괜찮아 더불어 사는
다문화 사회

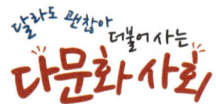

3판 1쇄 발행 2025년 6월 30일

글쓴이	스토리베리
그린이	최희옥

펴낸이	이경민
펴낸곳	㈜동아엠앤비
출판등록	2014년 3월 28일(제25100-2014-000025호)
주소	(03972) 서울특별시 마포구 월드컵북로22길 21 2층
홈페이지	www.moongchibooks.com
전화	(편집) 02-392-6901 (마케팅) 02-392-6900
팩스	02-392-6902
전자우편	damnb0401@naver.com
SNS	

ISBN 979-11-6363-964-0 73400

※ 책 가격은 뒤표지에 있습니다.
※ 잘못된 책은 구입한 곳에서 바꿔 드립니다.
※ 이 책에 실린 사진은 위키피디아, 셔터스톡에서 제공받았습니다.

도서출판 뭉치는 ㈜동아엠앤비의 어린이 출판 브랜드로, 아이들의 지식을 단단하게 만들어주고, 아이들의 창의력과 사고력을 키워주어 우리 자녀들이 융합형 창의 사고뭉치로 성장할 수 있도록 좋은 책을 만들겠습니다.

달라도 괜찮아 더불어 사는 다문화 사회

글쓴이 **스토리베리** | 그린이 **최희옥**

 **펴내는 글**

혼혈아와 단일민족이란 말은 무슨 뜻일까?
여러 민족이 모여 사는 국가보다
하나의 민족으로 이루어진 나라가 더 좋은 나라일까?

　선생님의 질문에 교실은 일순간 조용해집니다. 누군가 대답하기를 기다리다 못해 선생님께서 콕 집어 누군가의 이름을 부르는 순간 나는 걸리지 않았다는 안도감에 금세 평온을 되찾지요. 우리 교실에서 자주 볼 수 있는 풍경입니다.
　사람들 앞에서 자신의 생각을 조리 있게 전달하는 기술은 국어 시간에만 필요한 것이 아닙니다. 수업 시간뿐만 아니라 상급 학교 면접 자리 또는 성인이 된 후 회의에서도 자신의 의견을 분명히 표현하는 것이 중요합니다. 하지만 어디서부터 시작해야 할지 몰라 입을 떼는 일이 쉽지 않습니다. 얼떨결에 한마디 말을 하게 되더라도 뭔가 부족한 설명에 왠지 아쉬움이 들 때도 많습니다.
　논리적 사고 과정과 순발력까지 필요로 하는 토론장에서 자신만의 목소리를 내려면 풍부한 배경지식은 기본입니다. 토론 중에는 상대의 의견을 받아들이거나 비판하기 위해 의견의 타당성과 높은 수준의 가치 판단을 해야 하는 경우가 많은데, 자신의 입장을 분명히 하기 위해서는 풍부한 자료와 논거가 필요합니다. 또한 고학년으로 올라가서 배우는 수업과 진학 시험에서의 논술은 교과서 이상의 것을 요구합니다.
　「초등 융합 사회과학 토론왕」 시리즈는 사회에서 일어나는 다양한 사건과 시사 상식 그리고 해마다 반복되는 화젯거리 등을 초등학교 수준에서 학습하고 자신의 말로 표현할 수 있도록 기획되었습니다. 체계적이고 널리 인정받은 여러 콘텐츠를 수집해 정리하였고, 전문 작가들이 학생들의 발달 상황에 맞게 스토리를 구성하였습니다. 개별적으로 만들어진 교과서에서는 접할 수 없는 구성으로 주제와 내용을 엮어 어린이 독자들이 과학적 사고뿐만 아니라 문제 해결력, 비판적 사고력을 두루 기를 수 있도록 하였습니다. 그리고 폭넓은 정보를 서로 연결지어 설명함으로써 교과별로 조각나 있는 지식을 엮어 배경지식을 보다 탄탄하게 만들어 줍니다. 이러한 통합 교과형 구성은 국어를 기본으로 과학에서부터 역사, 지리, 사회, 예술에 이르기까지 상식과 사회에 대한 감각을 익히고 세상을 올바르게 바라보는 눈을 갖는 데 큰 도움이 될 것입니다.

　장미는 엄마가 베트남 사람이란 게 학교에 알려지면서 친구들에게 놀림을 받습니다. 그리고 장미가 베트남 엄마에게서 태어났기 때문에 외국인이라고 생각하는 친구들도 있었습니다. 이 때문에 장미는 힘든 학교생활을 보냅니다. 여러분은 어른들이 우리나라는 단일민족국가라며 자랑스럽게 말하는 것을 들어본 적이 있을 것입니다. 그렇다면 단일민족국가가 다민족국가보다 좋은 것일까요? 장미의 고민들을 함께 느끼며 이 책을 읽다 보면 다문화 사회가 무엇인지, 다문화 아이들이 우리나라 국민으로 함께 살아가기 위해 무엇이 필요한지 알 수 있습니다. 이 책을 통해 독자 여러분이 다문화 사회에 대한 다양한 정보와 특성을 이해하고, 그 과정에서 나타나는 여러 가지 사회 현상을 파악해 올바른 가치관을 갖게 된다면 더없이 소중한 시간이 될 것입니다.

편집부

펴내는 글 4

나도 한국 사람이에요! 8

1장 저는 한국 사람입니다 11

사소한 것에도 상처 받아요
우리 엄마가 베트남 사람인 건 비밀이에요
한국이 미워지고 나 자신도 미워져요

토론왕 되기!
다문화 아이들은 한국인일까? 외국인일까?

2장 평범한 게 좋아요 39

할머니는 내가 한국 사람이래요
스파게티와 고기만 먹어요
읽기, 쓰기는 힘들어요

토론왕 되기!
다문화 가정은 무엇이 다를까?

3장 다문화 가정, 자신 있게 말하고 싶어요 73

다양한 관심과 도움이 필요해요

다를 뿐 틀린 건 아니에요

엄마와 함께 엄마의 나라를 배워요

토론왕 되기!
한 나라가 하나의 민족으로 이루어진 것이 더 좋은 걸까?

4장 한국에서 꿈을 꾸게 해 주세요 105

친구들이 있어서 행복해요

다문화 가정을 위한 프로그램이 많으면 좋겠어요

한국을 세계로 이어줄 인재입니다

토론왕 되기!
외국인 혐오증의 원인과 해결책은 무엇일까?

다문화 관련 사이트 137

어려운 용어를 파헤치자! 138

신나는 토론을 위한 맞춤 가이드 140

등장인물

손장미
초등학교 4학년. 베트남 엄마와 한국인 아빠 사이에서 태어났어요. 노래를 잘하고 친구를 좋아해요.

이영지
초등학교 4학년. 장미와 학기 초에 친하게 지내다 장미 엄마가 베트남 사람이라는 사실을 다른 친구에게 얘기해서 사이가 나빠져요.

장미 엄마 리 민
베트남에서 한국으로 시집 왔어요. 한국어가 서툴러서 장미와 갈등을 겪고, 문화적 차이로 시어머니와 갈등을 겪고 있어요.

장미 아빠
공장에서 일하다 퇴직 당하고, 지방으로 일하러 다녀요.

장미 할머니
장미를 끔찍이 사랑하지만, 장미 엄마와 교육 문제로 갈등을 겪어요.

장미 담임선생님
신입 교사로 처음 담임을 맡았지만 아이들을 사랑하고 장미를 잘 보살펴 주고 지혜롭게 대해요.

김재수
초등학교 6학년. 베트남 엄마와 한국인 아빠 사이에서 태어났어요. 재수 엄마와 장미 엄마는 서로 친구 사이예요.

1장

저는
한국 사람입니다

사소한 것에도 상처를 받아요

"다가서지 못하고 헤매고 있어.
좋아하지만 다른 곳을 보고 있어.
가까워지려고 하면 할수록
멀어져가는 우리 둘의 마음처럼
만나지 못해 맴돌고 있어.
우린 마치 평행선처럼."

장미는 화장실에서 나오면서 '여자 친구'의 노래를 흥얼거렸어요. 그러다 노래가 저절로 쏙 들어갔지요. 앞에서 영지가 친구와 함께 걸어오고 있었거든요. 장미를 발견한 영지도 잠시 멈칫했지만 장미를 보고 미소를 지었어요. 게다가 장미 쪽으로 걸어오는 게 아니겠어요.

'뭐야, 이제 와서?'

장미는 고개를 숙이고 영지 옆을 빠르게 지나갔어요. 심장이 두근거렸지요. 사실은 자신이 먼저 영지에게 손을 내밀고 싶었어요. 뒤늦게 돌아보았지만 영지는 이미 보이지 않았어요.

교실에 들어가자, 점심 식사를 마친 친구들은 삼삼오오 모여 이야기꽃을 피우고 있었어요. 장미는 자신의 자리는 어디에도 없는 것 같아 서글퍼졌어요.

"야, 손장미!"

누군가 장미의 등을 톡톡 두드렸어요.

'어? 누구지?'

장미는 반가운 마음이 살짝 들었어요. 설레는 마음으로 뒤를 돌아보았다가, 울컥 뜨거운 것이 올라왔어요. 장미의 눈앞에 반에서 가장 말썽쟁이 남자 아이가 이 사이에 검은 김을 붙이고 웃고 있었어요. 주변 아이들이 깔깔대며 웃었어요. 장미의 벌어진 앞니를 흉내 낸 거예요.

'너 베트남 사람이라 앞니가 그렇게 생긴 거지? 쟤는 웃으면 바보 같아.'

어릴 때는 지금보다 놀림이 더 심했었어요. 이런 일이 있을 때마다 과거의 일까지 떠올라 장미는 괴로웠어요. 장미는 손으로 귀를 감싸고 책상에 엎드렸어요.

'처음도 아니잖아. 울 필요 없어. 손장미.'

귀를 막은 손이 떨렸어요. 얼마 전에 있었던 쪽지 사건도 떠올랐지요. 자신의 꿈에 대해 발표하는 시간이었어요. 장미는 친구들 앞에서 자랑스럽게 가수의 꿈을 얘기했어요. 그때 몇몇 친구들이 웃었어요. 장미는 괜히 얼굴이 붉어졌죠. 친구들의 웃음소리가 꼭 자기를 비웃는 것처럼 느껴졌어요. 분명 다른 친구들이 발표할 때도 웃음이 터지곤 했는데 이 웃음은 그 전과는 다른 웃음이라는 생각이 들었어요. 자신의 꿈이 왜 다른 사람들에게 놀림거리가 돼야 하는지 처음에는 화가 났어요. 시간이 지나면서 엄마가 베트남 사람이라는 것에 더 화가 났어요. 그리고 영지를 미워하고 원망하는 마음도 올라왔지요.

'영지가 내 얘기를 하지만 않았다면, 아냐 내 잘못이야, 우리 엄마가 베트남 사람이라고 얘기한 내가 바보지.'

그날 쪽지를 보고서도 참았던 눈물인데, 오늘은 견디기가 너무 힘들었어요.

'엄마가 베트남 사람만 아니었다면, 우리가 부자여서 치아 교정을 받았다면,

이런 일은 없었을 텐데. 나도 예쁘게 웃을 수 있을 텐데…….'

모든 게 다 원망스러웠지요. 남은 수업 내내 선생님의 말씀이 하나도 귀에 들어오지 않았어요. 수업이 끝나자마자 장미는 후다닥 가방을 챙겼어요. 그러나 집으로 가는 발걸음에는 힘이 없었어요. 집에 들어갔을 때 '아무도 없으면 얼마나 좋을까?' 하고 생각했어요. 그러면 침대에 엎드려 실컷 울 수 있을 것 같았지요. 집에 도착한 장미는 조심스럽게 벨을 눌렀어요. 잠시 아무 소리도 나지 않았어요.

'아무도 없나 봐. 잘 됐다.'

하지만 곧바로 문이 열리고 할머니가 말했어요.

"우리 강아지 왔네. 어서 와라."

할머니는 서둘러 나왔는지 허리춤에 치마가 끼어 있었어요.

"다녀왔습니다."

"그래, 내 새끼. 오늘은 학교에서 별일 없었고?"

장미는 할머니에게라도 오늘 있었던 일을 털어놓을까 잠시 고민했지만 그만두었어요. 할머니에게 얘기해 봤자 할머니의 한숨 소리에 마음이 더 무거워질 것 같았으니까요. 방으로 들어가 불도 켜지 않고 침대에 엎드렸어요.

얼마나 지났을까? 밖에서 또 엄마와 할머니가 다투는 소리가 들렸어요. 아빠가 돈 벌러 지방으로 다니면서 집에는 엄마와 할머니, 그리고 장미만 있는 날이 많았어요.

"너는 지금 시간이 몇 시냐!"

"엄마, 늦은 거 아니에요!"

"내가 왜 네 엄마야? 어머니라고 하라니까."

"어머…니, 어려워요. 엄마예요."

"어디 꼬박꼬박 말대꾸야. 8시도 넘었는데 어디서 뭘……."

오늘따라 엄마가 말하는 베트남 말투가 너무 싫다는 생각이 들었어요. '벌써 십 년이 넘도록 우리나라에 살았는데 왜 한국말도 못 하는 거야.' 방문을 열고 엄마에게 소리치고 싶었지만 꾹 참았어요. 장미는 요즘 엄마와 거의 대화하지 않았어요. 엄마는 장미에게 말을 걸려고 노력했지만 장미가 자꾸 피했거든요. 투덕거리는 소리가 평소보다 더 크고 거칠게 들렸어요.

"장미야 밥 먹어!"

"왜 애한테 소리를 지르냐!"

곧 방문이 열리고 할머니가 들어와서 장미의 엉덩이를 두들겼어요. 그래도 장미는 일어나지 않았어요.

"아가, 일어나서 밥 먹어야지?"

장미는 볼멘소리로 알겠다고 대답을 했어요. 할머니는 무슨 말인가 하려다 방문을 닫고 나갔어요. 한참 후에나 장미는 일어나 화장실에 갔어요. 거울을 보니 못생기고 까만 얼굴에 눈물 자국이 나 있었어요.

"왜 그래? 울었어?"

"몰라."

장미는 엄마가 묻는 말에 신경질을 냈어요. 식탁에는 된장찌개와 김치, 나물뿐이었어요. 그나마 먹을 수 있는 것은 두부밖에 없었어요. 장미는 한두 숟갈 뜨고는 수저를 놓았어요.

"아가, 김치도 좀 먹어 봐."

"엄마, 얘는 매운 거 못 먹어."

"먹어 버릇해야 먹을 수 있는 거지. 한국 사람이 김치를 안 먹으면 어떻게 하냐."

할머니가 장미의 밥그릇에 김치를 놓았어요. 장미는 먹고 싶지 않았지만 '오늘은 참고 먹어 볼까?' 하는 생각이 들었어요. 할머니의 말대로 자신도 한국 사람이니까, 김치를 잘 먹으면 진짜 한국 사람이 될지도 모르잖아요. 하지만 역시나 김치는 너무 매웠어요. 김치를 꿀꺽 삼키고 물을 두 컵이나 먹었어요. 그러고는 다시 화장실에 갔다가 나오는 장미를 엄마가 불러 세웠어요.

"장미야! 여기 앉아."

장미는 엄마의 말을 듣지 못한 척 그냥 방으로 걸어갔어요.

"엄마 말 안 들려!"

날카로운 엄마의 목소리가 들렸어요. 이번에는 발음도 분명했어요.

"나 좀 내버려 두라고!"

장미는 자신도 모르게 크게 소리쳤어요. 어디에서 이런 말이 튀어나왔는지 자신도 놀랐지요.

"너 엄마한테……."

"애가 뭔 잘못이 있다고 애한테 소리를 지르냐?"

엄마가 채 말하기도 전에 할머니는 엄마에게 소리를 질렀어요. 장미는 속상했어요. 늘 이런 상황이 벌어지는 게 자신 때문인 것 같았거든요. 엄마에게 미안한 생각이 들었지만 왠지 입이 떨어지지 않았어요.

'우리 집은 늘 왜 이럴까.'

장미는 자꾸 슬픈 마음만 들었어요.

장미의 다문화 보고서

다문화 가정이 뭐예요?

다문화 가정은 서로 다른 국적, 인종, 문화를 가진 사람들이 포함된 가정이에요. 보통 국제결혼 가정이나 외국인 근로자 가정을 말하지요. 우리나라의 다문화 가족은 2019년 기준 100만 명이 넘으며, 2050년에는 200만 명이 넘을 거예요. 다문화 가족은 우리나라에 취업하는 외국인 근로자가 늘어나고, 국제결혼이 비교적 자유로워지면서 생겨났어요. 그런데 의사소통, 문화적 차이, 자녀 교육, 사회의 편견과 차별 등으로 어려움을 겪는 경우가 많아요. 그래서 정부는 다문화가족지원센터를 두어 가족 교육, 상담, 다양한 정보 제공, 문화 프로그램 등의 서비스를 제공하며 다문화 가족을 위한 다양한 지원 정책을 펴고 있어요.

우리 엄마가 베트남 사람인 건 비밀이에요

 방에 들어와서도 눈물이 그치지 않았어요. 책상 위에 놓인 공책을 보니 영지가 생각났어요. 영지의 생일 파티에서 받은 선물이거든요. 몇 달 전, 영지의 생일잔치에 초대받아 갔었어요. 레스토랑의 근사한 조명 아래에서 영지는 예쁜 원피스를 입고 생일 머리띠를 하고 있었어요. 생일 파티가 끝나고 친구들은 영지네 집으로 갔지요. 영지네 집은 15층이었어요.
 "와, 엄청 넓다. 우리 집보다 두 배는 넓어 보여. 나도 이런 집에서 살아 봤으면……."
 친구들이 말했어요. 장미도 똑같은 생각을 했지요.
 "애들아, 시원한 음료수 마시렴."
 예쁘게 화장을 한 영지의 엄마가 노란 빛깔이 나는 새콤달콤한 음료수를 주셨어요. 친구들은 학원에 간다고 하나둘 자리에서 일어났어요. 친구들은 주말에도 바빴어요. 하지만 장미는 아빠를 졸라 피아노 학원에 딱 3개월 다닌 게 전부예요. 계속 다니고 싶었지만 아빠가 다니던 공장이 문을 닫으면서 다닐 수가 없었어요. 그때부터 엄마도 일을 하느라 아침 일찍 나가서 밤늦게 들어왔어요.
 영지네처럼 잘사는 것은 아니었지만 그래도 그전까지는 행복했어요. 엄마와 할머니도 다툴 때가 있었지만 이렇게 자주 싸우지는 않았어요. 아빠도 지금보다는 늦게 나갔고 일찍 들어왔어요. 가끔 술 한 잔 드신 날은 치킨을 사 들고 오기도 했지요. 그날은 가족 모두가 둘러앉아 웃으며 이야기도 나누었어요.

그런데 장미의 모든 것은 영지의 생일 이후에 달라져 버렸어요. 딱 그즈음 엄마는 일하기 시작했고, 아빠 얼굴은 보기도 힘들어졌죠. 할머니는 늘 장미를 사랑해 주지만 가끔은 그 사랑이 버거웠어요. "장미는 우리 핏줄이지." 하는 말도 지겨웠어요. 할머니는 좋았지만 할머니의 말은 가끔, 아니 종종 장미에게 상처가 되었어요. 김치를 자꾸 먹이는 것도 너무 싫었고요.

장미는 영지가 정말 부러웠어요. 영지의 할머니는 시골에 계셔서 영지는 방학에만 할머니를 보러 갔어요. 시골에 갔다 올 때면 용돈도 두둑이 받아 왔어요. 장미는 자신을 사랑해 주는 할머니에게 조금 미안한 마음이 들었지만, 요즘 같으면 정말 '할머니를 가끔 볼 수 있다면 어떨까' 하는 생각이 자주 났지요.

친구들이 모두 가고 나자 영지와 장미만 남았어요. 장미는 딱히 집에 가도 할 일이 없기 때문에 '차라리 영지네 집에서 맛있는 저녁까지 먹고 갈까' 하는 생각까지 들었어요.

"장미야, 이리 와 봐."

한참 커다란 텔레비전으로 게임을 하던 장미를 영지가 불렀어요. 영지는 장미를 자신의 방으로 데려가 책상 서랍 가장 아래 칸에서 하트 모양으로

된 커다란 상자를 꺼냈어요.

"이건 내 보물 상자야."

"보물 상자?"

"응, 여기에는 내가 소중하게 생각하는 것들이 담겨 있어. 이것 봐 봐."

영지가 손에 든 것은 아주 작은 옷이었어요.

"이게 뭐야?"

"배냇저고리라는 건데, 내가 태어나자마자 입은 거래. 정말 조그맣지?"

"정말이네……."

"이건 돌 때 받은 반지인데, 엄마가 제일 예쁜 거 하나만 남겼대."

영지는 그 작은 반지를 새끼손가락에 끼워 보여 줬어요.

"예쁘다. 이건 금이야?"

"응, 할머니랑 할아버지 선물이래."

장미가 들고 있는 사진에는 케이크 앞에 왕관을 쓴 귀여운 아이가 환하게 웃고 있었어요. 장미는 누군지 궁금했어요.

"얘는 누구야?"

사진을 보던 영지가 배시시 웃었어요.

"내 첫사랑. 지금은 멀리 이사 갔어. 이건 비밀인데 너한테만 말한 거야. 그러니까 딴 애들한테는 절대 말하면 안 돼."

장미는 고개를 끄덕였어요. 자신한테만 특별히 비밀을 말해 주다니 굉장히 친한 친구가 된 것 같아 가슴이 두근거렸어요. '너한테만 말한 거야'라는 말이 귀에 윙윙거렸어요. 영지는 자신을 특별한 친구로 여기는 게 틀림없어요. 그렇지 않다면 비밀을 말할 리가 없으니까요. 장미도 자신의 비밀을 이야기해도 되겠다는 생각이 들었어요. 장미는 영지 옆에 가까이 다가가 영지의 귀에 두 손을 모아 속삭였어요.

"사실 우리 엄마 베트남 사람이야. 너한테만 얘기하는 거야."

영지가 말했던 것처럼 장미는 그 말을 똑같이 넣어 말했어요. 이제 장미는 영지와 큰 비밀을 서로 나누었어요. 그런데 영지의 표정이 조금 이상했어요.

"어……, 엉."

띄엄띄엄 천천히 대답하더니 장미의 얼굴을 한동안 바라보는 거예요.

"너무 늦은 것 같아. 내일 숙제도 있는데, 이제 숙제해야 하는데……."

영지는 보물 상자에 나와 있던 물건들을 집어넣으며, 장미를 보지 않고 힘없는 목소리로 말했어요.

"아, 으, 응. 우리 할머니가 기다리시겠다."

영지의 말에 장미도 얼떨결에 핑계를 대고 말았지요.

장미는 영지의 집을 나왔어요.

왠지 마음이 무거웠어요.

'괜히 말했나. 아니야, 영지도 자신의 비밀을 말해 줬는데 잘 한 거야.'

장미는 마음속으로 되뇌며 일부러 힘차게 걸었어요. 장미의 걱정과는 달리 영지는 다른 때와 크게 달라진 것 같지 않았어요.

여느 날처럼 장미는 방과 후에 영지와 함께 집에 가려고 책가방을 챙겨 영지 자리로 갔어요.

"집에 가자!"

"미안. 나 오늘 약속이 있어서……."

"어, 그래."

왠지 섭섭한 마음이 들었어요. 장미는 혼자 운동장을 건너갔어요. 다른 아이들은 친구들끼리 짝을 지어 가고 있었죠.

"아야!"

누군가 장미를 세게 쳐서 넘어지고 말았어요. 무릎이 아팠지요.

일어나 무릎을 쳐다보니 타이즈에 구멍이 나고 말았어요. 장미를 치고 함께 쓰러졌던 남자 아이는 장미보다 재빨리 일어나 벌써 저만큼 가고 있었어요.

'미안하다고 사과도 안 하고.'

장미는 화가 나 씩씩거렸어요.

"얼레리꼴레리, 얼레리꼴레리."

장미와 부딪혔던 남자 아이를 말썽꾸러기 반 남자 아이들이 놀렸어요.

"야, 너 베트남 여자랑 결혼하면 애는 어떻게 되냐?"

장미는 그 자리에 얼어붙고 말았어요. 아무에게도 말한 적이 없는데 어떻게 된 일인지 어리둥절했지요. 그러다 영지의 얼굴이 떠올랐어요. 멀리

장미의 다문화 보고서

한국은 이제 다문화 사회예요

우리나라는 오랜 세월 동안 단일민족국가로 단일 문화를 이어 왔기 때문에 다문화 가정은 혼혈 가정, 혼혈아라고 불리며 소외되었어요. 그러나 '다문화에 대한 국민 인식 조사' 결과에 따르면 현재 한국이 다문화 사회라는 데 79.7%가 동의했대요. 한국 사람 10명 가운데 8명이 '한국은 이제 단일민족국가가 아니라 다문화 사회다'라고 생각한다는 거지요. 〈출처: 여성가족부 '다문화에 대한 국민 인식 조사(2020년)'〉

서 남자 아이들의 킬킬대는 웃음소리가 점점 멀어졌어요.

'설마, 영지가 그럴 리 없을 거야. 그럴 리 없을 거야.'

장미는 반복해서 외쳤어요. 기어이 장미의 눈에서 눈물이 떨어졌답니다. 어린이집에 다닐 때 아이들이 놀리던 일이 생각났거든요. 집 담벼락에 흰 분필로 '베트남, 깜둥이'라는 낙서가 쓰여 있기도 했어요. 어떤 애들은 노래까지 만들어서 놀렸지요. 엄마와 동네를 다닐 때 어른들이 바라보던 시선도 잊기 힘들었어요.

다행히 이곳으로 이사를 온 후에는 그런 일이 덜했어요. 그 후부터 장미는 엄마와 함께 다니는 일을 꺼리게 되었지요. 엄마와 함께만 아니면 그래도 장미는 피부도 하얀 편이라 눈에 띄지 않았거든요. 마음속으로 엄마에게 미안했지만 사람들의 시선을 받는 일이 더 두려웠어요.

'이제 아무에게도 엄마가 베트남 사람이라는 걸 얘기하지 않을 거야. 이건 비밀이야.'

장미는 초등학교에 입학하면서 이렇게 다짐했었어요.

'영지가 진짜 소중한 친구라서 말해 주었는데······.'

갑자기 영지가 더 미워졌어요.

'나쁜 영지. 비밀만 지켰다면, 영지와 사이좋게 지낼 수 있었을 텐데······.'

이후 공공연히 자신을 힐끔힐끔 쳐다보는 친구들이 있었어요. 시간이 지나자 많이 누그러졌지만, 그래도 간혹 장미의 두꺼운 눈 쌍꺼풀에 대해 이야기하는 친구들이 있었지요. 대놓고 놀리지는 않았지만 가끔 자신에 대해 말하는 아이들이 있다는 건 눈치 챌 수 있었어요.

캄캄한 밤이 되었어요. 이제 눈물이 말랐는지 장미의 눈에서는 눈물도 나오지 않았어요. 잠도 오지 않았지요. 엄마와 할머니의 목소리도 들리지 않았어요. 집 안이 고요했어요. 장미는 너무 고요해서 더 춥고 외롭게 느껴졌어요. 장미는 이불 속에 들어가 이불을 뒤집어썼어요.

한국이 미워지고 나 자신도 미워요

아침에 일어나니 아빠가 계셨어요. 장미는 아빠가 반가웠지만 낯설기도 했죠. 아빠가 일을 하러 지방에 가서서 석 달 만에 얼굴을 보는 것이거든요. 장미는 늘 그렇듯 할머니 옆자리에 앉았어요.

"우리 딸 잘 지냈어?"

아빠가 물었지만 뭐라 할 말이 없었어요. 엄마와 할머니도 오늘따라 아무 말도 없이 밥만 먹었어요. 아침 밥상에는 아빠가 와서 그런지 프랑크 소시지와 고기도 있었어요. 하지만 장미는 먹지 못하는 돼지고기 김치찌개였어요. 고기는 좋지만 김치가 들어간 건 매워서 먹을 수가 없거든요.

"물 좀 줘."

아빠가 엄마에게 무뚝뚝하게 말했어요. 엄마는 대답도 없이 컵에 물을 담아 아빠 앞에 갖다 놓았지요. 아빠가 찌개에서 고기를 하나 건져 내서 물에 씻어 장미의 밥 위에 올려놔 주었어요. 장미는 아빠가 놓아 준 고기와 밥을 꿀꺽 삼켰어요. 어제 너무 많이 울어서 밥이 목구멍에 넘어가지 않을 것 같았는데 고기반찬에, 게다가 아빠가 손수 올려 주시니 기분이 좋아지고 밥도 맛있었지요.

현관에서 신발을 신던 장미는 아빠의 신발을 봤어요. 흙이 묻고, 너덜너덜 헤진 신발이었어요. 집 앞에 나왔을 때, 등 뒤에서 아빠가 장미를 불렀어요.

"장미야!"

아빠는 그 헤진 신발을 신고 있었어요.

"아빠가 학교까지 바래다줄게. 같이 가자!"

아빠와 이렇게 걷는 게 얼마만인지. 마음속으로는 좋으면서도 왠지 어색하다는 느낌이 들었어요. 장미는 아빠와 손을 잡고 싶었어요. 하지만 아빠도 선뜻 장미의 손을 잡아 주지 않았어요. 장미는 아빠의 커다란 손을 보았어요. 까맣고 두툼하고, 거친 손이었죠.

아빠는 아무 말이 없었어요. 장미 옆에 나란히 걷다가 조금 앞서 가면 장미를 기다려 주곤 했지요. 그렇게라도 장미에게 신경 써 주는 아빠가 좋았어요. 장미도 그런 아빠에게 무슨 말이든 하고 싶었어요. 그런데 재미있고 즐거웠던 일을 떠올려 보지만, 슬픈 일 들만 떠올랐어요. 장미는 고개를 흔들었어요.

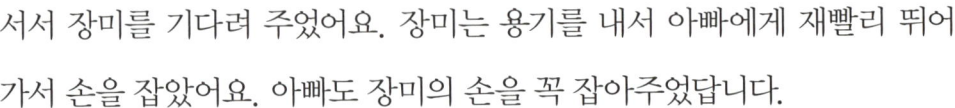

앞서 걷던 아빠가 뒤를 돌아다보았어요. 그리고 그 자리에 서서 장미를 기다려 주었어요. 장미는 용기를 내서 아빠에게 재빨리 뛰어가서 손을 잡았어요. 아빠도 장미의 손을 꼭 잡아주었답니다.

"아빠, 얼마 전에 학교에서 자신의 꿈에 대해 얘기했어요. 제 꿈이 뭐냐면요……."

장미는 가수라고 말하는 게 조금 부끄럽기도 했고, 그 쪽지가 생각나서 말하는 게 망설여졌어요.

"가수지. 우리 딸 노래 잘하잖아."

"아, 네!"

장미는 아빠가 자신의 꿈에 대해 알고 있다는 사실에 커다랗게 고개를 끄덕였어요.

"그런데 아빠! 우리 반에는 꿈이 없다고 하는 애들이 많아요."

"그래, 우리 장미처럼……."

그때 장미는 자신을 흘끔 쳐다보고 지나가는 반 친구를 보았어요. 얼마 전에 다른 친구와 장미 뒤에서 소곤거리던 아이였지요. 그 아이도 아빠랑

같이 학교에 가는 모양이었어요. 그 애 아빠는 근사한 양복을 입었고 그 아이를 잡은 손은 희고 매끄러워 보였지요. 장미는 자기도 모르게 슬그머니 아빠의 손을 놓고 말았어요.

"아빠, 저 준비물 사야 돼서 얼른 갈게요!"

장미는 뒤도 돌아보지 않고 빠르게 뛰었어요. 숨이 차올랐어요. 그제야 발을 멈추고 뒤를 돌아보았지요. 멀리 아빠가 걸어오는 모습이 보였어요. 멀어서 아빠의 표정을 볼 수는 없었지만 아빠의 걸음걸이가 힘이 없어 보였어요. 장미는 갑자기 침울해져서 아빠처럼 힘없이 걸었어요. 그제야 깨달았지요. 자신이 왜 그랬는지 말이에요. 같은 반 아이의 아빠를 보는 순간 장미는 아빠가 창피하다는 생각이 든 거예요.

'우리 아빠도 양복을 입고 회사에 다니면 얼마나 좋을까.'

이런저런 생각을 하며 천천히 학교에 온 장미는 지각을 하고 말았어요. 교실 문 앞에서 잠시 숨을 고르며 서 있는데 아이들이 왁자지껄 떠드는 소리가 들렸어요. 다행히 선생님께서 아직 오시지 않은 모양이에요.

"장미야!"

장미는 깜짝 놀랐어요. 담임선생님이 장미의 지각에 대해서는 한 마디도 하지 않으시고 활짝 웃으며 장미를 바라보고 있었어요. 담임선생님은 친절하고 다정한 분이에요. 환하게 웃는 모습이 제일 예쁘죠. 하지만 장미는 그런 선생님을 보고 있노라면 때로 심술 나기도 했어요.

'뭐가 좋다고 저렇게 웃는 거야!'

이런 생각이 들 때도 있었거든요. 선생님은 요즘 반 아이들을 한 명씩 불러서 이야기를 나누곤 했어요. 장미 차례는 아직 돌아오지 않았죠. 자기 차례를 생각하니 저절로 한숨이 났어요.

'뭐라고 말하지? 우리 엄마가 베트남 사람인 건 알고 계실까? 그런 거 물어보면 뭐라고 하지? 아빠는 뭐 하시냐고, 어디 사냐고 물어보겠지?'

수많은 물음이 떠올랐어요.

"장미야! 들어가자!"

'어? 내 이름을 알고 있네.'

선생님이 두 번째로 이름을 불렀을 때에야 장미는 선생님이 자신의 이름을 외우고 있다는 것을 깨달았어요. 장미는 미소를 지었어요. 가슴 속에 풍선이 하나 들어 있고, 그 풍선에 바람이 한껏 들어가 점점 부풀어 오르는 느낌이었지요.

선생님이 앞문을 열고 들어가자 아이들은 이내 조용해졌어요. 그러나 말썽쟁이 남자 아이들 몇몇은 아랑곳하지 않고 장난을 치고 있었어요. 덩치가 큰 남자 아이들 세 명은 신참내기 담임선생님을 무서워하지 않는 것 같았어요.

"자, 조용히 하자!"

셋 중에 한 명은 몸을 돌리고 똑바로 앉았지만 두 명은 여전히 장난을 계속했어요.

"조용히 하라고!"

회장 여자 아이가 꽥 소리를 지르고 째려보니까 그제야 교실은 조용해졌어요. 장미네 반은 여자 아이들이 꽉 잡고 있었어요. 남자 아이들도 여자 아이들에게 꼼짝 못했지요. 장미는 가끔은 그 친구들이 부러웠어요. 조용해진 교실을 둘러보니 지민이 자리가 비어 있었어요.

"지민이는 며칠 학교에 못 나올 거예요. 지민이 아버님이 크게 다치셔서 병원에 입원하셨어요."

지민이 아빠는 근처 공장에 다녔어요. 그리고 지민이는 엄마가 없어요. 지민이 아빠는 엄마가 지민이를 낳으면서 돌아가셨다고 했지만 지민이는 엄마가 자신을 버리고 도망갔다고 했어요. 장미는 그 얘기를 들으며 자신이 그나마 낫다는 생각도 들었지만 한편으로는 차라리 엄마가 없으면 좋았을지도 모르겠다고 생각했어요.

"야, 지민이 아빠 공장이 폭발해서 엄청 다쳤대."

작은 목소리가 들렸어요. 장미는 지민이가 걱정됐어요. 지민이의 아빠도요. 장미는 지민이에게는 아빠 한 분밖에 계시지 않으니, 제발 지민이의 아빠를 살려 달라고 마음속으로 기도했어요.

장미의 다문화 보고서

단일민족국가가 뭐예요?

단일민족국가란 우리나라처럼 국가를 이루는 국민들이 하나의 민족으로 구성된 나라를 말해요. 우리나라뿐 아니라 조선민주주의인민공화국(북한)과 일본, 아이슬란드, 폴란드, 덴마크, 포르투갈도 단일민족국가라고 불려요. 중국은 원래는 다민족국가지만 한족을 포함한 복수의 민족을 중화민족이라는 하나의 민족으로 규정하여 단일민족국가라고도 해요.

미국이나 프랑스처럼 여러 민족이 국가를 이룬 나라를 다민족국가라고 해요. 또 중동의 아랍국가들처럼 한 민족이 여러 나라를 이룬 경우도 있고, 쿠르드인이나 집시처럼 국가를 이루지 않고 여러 나라에 흩어져 있는 민족도 있지요.

"자 오늘은 영화 한 편을 볼 거예요. 시간상 전체를 다 볼 수는 없어서 선생님이 시간에 맞춰 편집했어요. 제목은 '우리들'이에요."

영화가 시작됐어요. 반 아이들끼리 피구를 시작하는 장면이었어요. 아이들은 가위, 바위, 보를 해서 이긴 사람이 자기 팀원을 한 명씩 뽑았어요. 마지막으로 한 아이가 남았지요.

장미는 그 친구가 주인공이며 자기와 같이 외로워한다는 것을 알았어요. 장미는 영화를 보는 내내 눈물을 참기 위해 애썼어요. 그래도 중간 중간 눈물을 닦았어요. 주인공 아이의 심정을 너무나 잘 알았으니까요.

영화가 끝난 뒤 교실은 침묵에 싸였어요. 곧이어 종이 쳤고, 아이들은 무서운 마법에서 깨어난 것처럼 이내 무거운 공기에서 벗어났어요. 교실은 다시 전과 같았답니다. 끼리끼리 모여 웃고 떠들고 장난치는, 평소와 똑같은 모습에 장미는 화가 났어요. 가슴속에서 뜨거운 것이 올라왔어요.

'조용히 해! 왜 너희들은 그렇게 아무렇지도 않은 거야! 뭐가 신이 나는 거야!'

장미는 마음속으로 소리를 질렀어요.

우리나라 다문화 출신 국가들에 대해 알아봐요 ❶

중국

오성홍기

판다

중국은 세계 여러 나라 중에 가장 많은 사람이 살고 있는 나라로, 땅도 아주 아주 넓어요. 중국의 국기는 오성홍기로 빨간색 바탕에 다섯 개의 노란별이 있어요. 중국하면 가장 먼저 떠오르는 동물은 판다예요. 중국의 전통

의상은 치파오로 여자들이 입는 원피스 옷이에요. 한국을 대표하는 무술이 태권도라면 중국에는 쿵푸가 있어요. 쿵푸는 무술뿐 아니라 건강법이나 운동으로도 널리 알려졌어요. 중국에서는 경사스러운 날에는 고기를 많이 넣은 고기만두를 먹는대요. 중국의 대표적인 문화유산으로는 세계에서 가장 오래되고 길이가 긴 만리장성이 있어요. 만리장성은 오래전 다른 나라의 침입을 막기 위해 세운 튼튼한 성벽이에요. 유네스코 세계문화유산으로도 등재되었지요.

베이징은 문화의 도시로 약 800년간 중국의 수도였어요. 상하이는 중국 제일의 대도시로 항공과 선박의 출입이 많은 세계적인 무역 도시예요. 홍콩은 과거 영국의 식민지였다가 1997년 7월 1일에 주권을 회복하고 중국의 특별행정구로 지정되었어요. 패션, 여행, 요리, 쇼핑 그리고 연예 산업으로 유명한 국제도시예요.

쿵푸

만두

만리장성

다문화 아이들은 한국인일까? 외국인일까?

한국인이란 무엇일까요? 우리나라 안에서 살면 다 한국인일까요? 요즘 우리나라에는 장미 엄마처럼 우리나라 사람과 결혼한 외국인들도 많고, 장미처럼 다문화 가정에서 태어난 아이들도 많아요. 그리고 우리나라가 아닌 외국에서 살거나 외국에서 태어난 한민족은 한국인이 아닌 걸까요?

우리가 일반적으로 말하는 한국인은 한민족을 칭하는 말로, 한반도와 그에 딸린 섬에서 고조선부터 현재까지 살아온 한국어를 사용하는 퉁구스계의 몽골 종족을 말해요.

그러나 현대 시대의 한국인이란 대한민국 국민을 말하지요. 대한민국 국민이란 대한민국 국적을 가진 사람을 말해요. 국적이란 한 나라의 구성원이 되는 자격을 말하지요. 우리나라는 국민이 되는 자격을 법률로 정해 놓았어요.

기본적으로 우리나라는 부모의 국적에 따라 아이의 국적이 결정돼요. 따라서 외국에서 태어났지만 부모의 국적이 대한민국이라면 아기는 대한민국 국적을 가진답니다. 또 부모가 누군지 모르거나 부모의 국적이 없으면, 우리나라에서

우리나라 다문화 출생 추이 현황 (자료: 통계청)

태어나거나 우리나라에서 발견된 어린 아기는 대한민국 국적을 가져요. 그렇다면 장미는 아빠가 대한민국 국민이고 우리나라에서 태어났기 때문에 당연히 우리나라 사람이겠죠?

대한민국 국적을 취득하는 방법에는 출생 외에도 귀화나 혼인, 입양 등이 있어요. 우리나라로 입양되거나 대한민국 국민과 결혼을 한 사람은 우리나라 국적을 가질 수 있다는 말이지요. 따라서 장미 아빠와 결혼한 엄마도 대한민국 국적을 가져요. 그렇기 때문에 장미와 장미 엄마는 모두 대한민국 국민이에요.

다문화 언어를 배워 봐요

각 나라의 인사말을 배워 봐요.

안녕하세요

한국

곤니찌와

일본

니 하오

중국

생 배노

몽골

짜오 안

베트남

까무스따

필리핀

2장

평범한 게 좋아요

할머니는 내가 한국 사람이래요

　장미는 곧장 집으로 갈 생각이 들지 않았어요. 학교 앞 분식점에 아이들이 몰려 컵볶이나 떡꼬치를 사 먹고 있었어요. 어떤 아이가 떡볶이를 콕 찍어서 들어 올리는 모습에 장미는 침을 꼴깍 삼켰어요. 장미는 주머니를 뒤져 보았지만, 가진 돈은 삼백 원이 전부였어요.
　'컵볶이를 먹으려면 적어도 오백 원은 있어야 하는데……'
　장미는 다른 친구들처럼 용돈을 받으면 좋겠다고 생각했어요. 장미는 천천히 여기저기를 걸으며 예쁜 옷이며, 열쇠고리, 액세서리 등을 구경했어요. 옷 가게에는 들어가지 못하고 커다란 유리창으로 보기만 했지요.
　'아, 예쁘다. 저 옷 사고 싶다……'
　용기를 내어 가게 안에 들어갔지만 물건을 들었다 놨다만 반복했어요. 가진 돈으로는 아무것도 살 수 없었거든요. 배도 점점 고파왔고, 사방도 어둑어둑해졌어요. 저녁이 되자 지나가는 사람들도 가방을 메고 있는 장미를 흘끔흘끔 쳐다봤어요. 장미는 집으로 발길을 돌렸어요. 하지만 집에 가까워질수록 장미의 발걸음은 점점 느려졌어요.

그때 어디선가 자신을 부르는 목소리가 들렸어요. 할머니였어요. 평소보다 한참이나 늦었으니 할머니께서 걱정을 하실 만도 하죠. 그런데 그 사실을 까맣게 잊고 있었어요. 장미는 할머니의 목소리가 나는 쪽으로 가 보았어요. 할머니는 학교 가는 방향의 놀이터 앞에서 지나가는 사람들에게 말을 걸고 있었어요.

"키는 이만하고 좀 까무잡잡한 아이 못 봤수?"

할머니는 이 사람도 붙잡고 저 사람도 붙잡으며 자꾸 물어보고 계셨어요. 이따금 눈물도 닦았어요. 장미는 할머니를 보자 눈물이 났어요. 왠지 반갑기도 하고, 한편으로는 혼이 날까 두렵기도 했답니다.

"할머니!"

할머니는 눈물을 훔치다 말고 뒤를 돌아보더니 뛰어오셨어요. 장미도 엉성하게 뛰어오는 할머니에게로 달려갔어요.

"내 새끼, 어디 갔다 이제 오냐?"

장미는 할머니에게 안겨 울기만 했어요. 할머니는 투박하고 거친 손으로 장미의 머리와 등을 쓰다듬어 주셨어요. 오늘따라 거친 손이 정말 따뜻하다고 느껴졌어요. 장미는 집에 들어가서 샤워도 하고 얼굴을 깨끗이 씻었

어요. 한바탕 실컷 울고 나서인지 마음도 목욕을 한 것처럼 깨끗하고 개운했지요. 할머니는 오랜만에 장미에게 삼겹살을 구워 주어야겠다며 밖에 나가셨어요. 그때 문이 열리는 소리가 들렸어요.

"다녀왔어요. 장미야! 어, 머, 니!"

'엄마네, 엄마는 내가 아직 안 들어온 걸 알면 어떤 표정을 지을까? 어떻게 할까? 할머니처럼 나를 찾으러 다닐까?'

장미는 갑자기 궁금해져서 욕실에서 가만히 숨을 죽이고 있었어요. 엄마는 여기 저기 방문을 열며 장미의 이름을 불렀어요. 드디어 욕실 문이 열렸어요.

"여기 있으면서 왜 대답을 안 해!"

"대답하기 싫으니까 그렇지!"

장미는 엄마의 짜증 섞인 목소리에 심술이 나서 자신도 모르게 마음에도 없는 말을 쏟아냈어요.

"엄마 왜 이렇게 늦게 와. 다른 엄마들은 집에 오면 간식도 챙겨 주고 샤워하면 옷도 챙겨 주는데 엄마는 뭐야?"

"엄마 일하고 오잖아. 엄마한테 뭐야!"

"한국말도 제대로 못 하면서 엄마 미워!"

엄마는 속옷만 입고 있는 장미의 손을 잡아당겨 엉덩이를 때렸어요. 장미는 입술을 꾹 다물고 엄마가 하는 대로 내버려 두었어요. 장미를 때리는 엄마의 손은 그렇게 세지도 않았어요. 문이 열리고 발소리가 쿵쾅쿵쾅 들리더니 할머니가 엄마의 손을 매섭게 낚아챘어요.

"너 지금 뭐하는 거냐? 금방 샤워하고 나온 애 옷은 안 챙겨 주고, 발가벗은 애를 때리긴 왜 때려! 우리 귀한 핏줄을!"

마침 장미의 구원자가 나타났어요. 장미는 갑자기 울음을 터뜨렸어요. 여태까지 아무렇지도 않았는데 할머니가 장미의 편을 들어 주자 감정이 북받치며 왈칵 눈물이 났지요.

"애를 얼마나 때렸기에 이렇게 울어."

"엄마, 장미는 내 딸이야!"

"본 데 없이 어디서 시어머니한테 대드는 거야!"

평소의 엄마가 아니었어요. 다른 때 같으면 할머니가 하는 말에 한두 번 대꾸하다가 말았을 텐데 오늘따라 말 한마디 지지 않고 그악스럽게 할머니에게 덤벼들었어요.

"지금이 몇 시야? 오늘 애가 어떻게 됐는지도 모르고 내가 전화를 몇 번이나 했는데 받지도 않고 네가 지금 뭘 잘 했다고."

"나 일해요. 전화 못 받아요."

"나중에라도 했어야지. 애가 없어졌는데 애미란 사람이……."
"엄마 너무해요!"
"이게 무슨 냄새야, 술까지 마셨어?"
"손님이 줬어요. 한 잔 마셨어."
"네가 술까지 따라 주냐? 식당이 아니라 다른 데서 일하는 거 아냐? 어? 몇 푼이나 번다고 당장 때려 쳐!"

"그럼 돈 누가 벌어요? 그 사람 두 달 일해. 한 달 놀아. 어떤 때는 세 달 놀아!"

"지금 네가 돈 번다고 유세냐!"

장미는 귀를 틀어막았어요. 괜히 자기 때문에 일이 커진 것 같아 불안해졌죠. 엄마에게 미안하기도 했어요. 장미는 어두운 방으로 들어가 이불을 뒤집어썼어요. 옷을 제대로 입지도 못하고 오래 서 있었던 모양인지 기침도 났어요.

"엄마 때문이야. 엄마가 나쁜 거야."

장미는 혼잣말을 했어요. 엄마가 너무 미웠어요. 장미는 빨리 잠이 오기를 바랐어요. 잠을 자면 모든 것을 잊을 수 있으니까요. 깊은 잠을 자고 일어난 다음 날은 아무 일도 없었다는 듯 평화로운 날이 올 것만 같았지요.

아침인가 봐요. 언제 잠이 들었는지도 모르게 잠에 빠져 버렸던 모양이에요. 잠을 자고 일어나면 어제 일이 아무 일도 아닌 것처럼 되어 있으리라는 기대는 여지없이 무너졌어요. 몸은 무겁고 눈은 부어 있었지요.

'뭐야, 더 못생겼잖아!'

거울을 보니 평소보다 더 못생긴 얼굴이 비쳤어요. 장미는 입술을 삐죽 내밀어 보았어요. 자신이 자신을 미워한다고, 너 싫다고 말하는 것 같았지요. 세수를 하고 나왔는데 집은 아무도 살지 않는 것처럼 조용했어요. 장미는 부엌 쪽으로 가 봤어요. 아빠는 장미와 학교에 같이 간 그날 이후로 또 얼굴을 본 적이 없었어요. 아빠는 그렇다 쳐도 엄마도 할머니도 모두 어디에 갔는지 보이지 않았어요.

  시간이 지날수록 불안해졌어요. 다른 날 같으면 엄마든 할머니든 부엌에서 아침 식사를 준비하고 있어야 하는데 평소와는 달라도 너무 달랐어요.

  '집안이 평화로웠으면, 조용했으면 좋겠다고 기도해서 그런 걸까? 내가 바란 건 이런 게 아닌데…….'

  장미는 울고 싶었어요. 천천히 엄마랑 할머니가 자는 방문 앞으로 갔어요. 눈물이 떨어지기 직전에 할머니의 기침 소리가 들렸어요.

  '휴…….'

  자신도 모르게 안도의 한숨이 나왔어요. 나오려던 눈물도 다시 쏙 들어갔지요. 방문을 살짝 열어 문틈으로 고개를 내밀어 보았어요. 누워 있는 할머니의 등이 보였어요. 엄마는 보이지 않았어요.

  '쳇, 아침부터 어딜 간 거야!'

  방 안에 엄마가 없다는 것을 확인한 장미는 괜히 짜증이 났어요. 할머니와 그 뒤로 크게 다툰 건지, 할머니마저 저렇게 누워 있는 것을 보니 어젯밤에는 대단한 전쟁을 치렀나 봐요. 아이들에게 싸우지 말라고 하면서 어른들은 왜 그렇게 자주 싸우는지 모르겠어요.

  반 친구들은 싸우기는 하지만 시간이 조금만 지나면 금방 잊어버려요. 하지만 영지 생각을 하자 고개가 숙여졌어요. 영지와 말을 한 게 언제인지 기억도 나지 않았어요.

"할머니."

장미는 할머니의 팔을 잡았어요. 할머니는 '끙' 소리를 내며 돌아누웠어요. 할머니의 얼굴에 피어 있는 까만 꽃이 덜컥 무서웠어요. 장미는 검버섯을 '죽음의 꽃'이라 불렀어요. 한 번 그렇게 말을 했다가 아빠에게 혼이 난 뒤로 말로 하지는 않았어요. 오늘은 그 꽃이 할머니의 얼굴에서 더 활짝 핀 것 같았지요.

"아가, 괜찮아……."

할머니는 뭐라 뒷말을 잇지 못하고 깊은 기침을 했어요. 장미는 결국 울음을 터뜨리고 말았어요. 할머니는 장미의 눈물을 닦아 주려 얼굴을 쓰다듬었어요. 할머니의 손은 거칠고 따가웠어요.

"내 새끼, 내 금쪽같은 새끼, 밥 먹어야 되는데, 한국 사람은 밥을 먹어야 힘이 나는 법인데……."

할머니는 또 한국 사람 타령이에요. 장미는 한 번도 자신이 한국 사람이 아니라고 생각한 적이 없어요. 자기는 한국에서 태어나서 한국에서 자랐는데 왜 다들 한국 사람 타령을 하는 것인지 이해가 되지 않아요. 다른 친구들은 그런 말을 듣지도 않고, 그런 것에 신경도 쓰지 않았어요. 그런데 장미는 자라면서 점점 생각해야 할 것이, 고민해야 할 것이 많아서 머리가 터질 지경이에요.

'난 한국 사람이 아닌 거야? 그럼 베트남 사람이야? 그곳에 가면 이런 말을 듣지 않아도 될까? 이런 고민을 안 해도 될까? 한국 사람이란 게 뭐지? 김치를 잘 먹어야 되는 거야? 청국장이나 된장을 잘 먹으면 되는 걸까? 난 한국 노래를 엄청 잘 부르는데, 난 한국이 좋은데, 난 친구들과 친하게 지내고 싶은데, 다른 나라 사람이라 친해질 수 없는 걸까? 엄마가 다른 나라 사람이라는 게 그렇게 이상한 것일까?'

"장미야, 내 새끼. 오늘은 할미가 기운이 없네. 자 이거 받아서 맛있는 거 사 먹어."

할머니는 꼬깃꼬깃한 천 원짜리 두 장을 내미셨어요. 할머니가 걱정되기도 했고, 엄마가 궁금하기도 했지만 이천 원이면 컵볶이를 사 먹고도 남는 돈이어서 은근 신이 났어요.

스파게티와 고기만 먹어요

'이걸로 뭘 사지? 어제 봤던 열쇠고리를 살까? 아니야, 그걸 사고 나면······.'

장미는 학교에 가면서 무엇을 살까 고민했어요. 하지만 갖고 싶은 것이 너무 많아서 결정을 내리기가 어려웠어요. 열쇠고리, 매니큐어, 비비크림,

틴트, 머리띠……. 또 먹고 싶은 것은 왜 그렇게 많은지, 컵볶이는 오늘 꼭 사 먹어야겠다고 생각했어요. 생각만 해도 침이 나왔죠. 이것저것 생각하느라 등교 시간이 다 됐다는 것도 몰랐어요. 그때 누군가 장미 팔을 세게 치고 뛰어갔어요.

"미안, 미안."

뛰던 남자 아이는 뒤를 돌더니 두 손을 합장하고 미안하다고 두 번이나 말하고 재빠르게 갔어요. 순간 장미는 얼굴이 빨개졌죠. 장미가 좋아하는 남자 아이였거든요. 그 아이는 다른 여자 아이들에게도 인기가 좋았어요. 하얀 피부에 뚜렷한 이목구비, 게다가 여자 아이들에게 매너가 좋았거든요. 공부는 말할 것도 없고요.

"앗!"

멀리 학교의 커다란 시계를 보는 순간 장미는 깜짝 놀랐어요. 아까 그 남학생이 뛰던 게 남의 일이 아니었어요. 수업 시작까지 겨우 5분밖에 남지 않았어요. 장미는 모든 생각들을 다 털어 내고 정신없이 뛰기 시작했어요. 숨이 턱에 차도록 뛰어 겨우 교실에 들어왔어요.

'휴, 다행이다. 선생님은 아직 안 오신 모양이네.'

반 친구들은 여전히 떠들고, 철없는 남자 아이들은 변함없이 어린애들처럼 장난을 하고 있었어요. 장미가 들어와도 누구하나 신경 쓰는 사람이 없었죠. 늘 그랬지만 그런 일상이 장미는 서글펐어요. 이렇게 늦게, 마지막으

장미의 다문화 보고서
다문화 가정이 겪는 어려움

여성가족부가 발표한 '2018년 전국 다문화가족 실태 조사'에 따르면, 한국 생활의 어려움을 묻는 항목에 대해 '경제적 어려움'이라고 답한 비율은 26.2%, '외로움'은 24.1%, '언어 문제'는 22.3%, '자녀 양육 및 교육'은 19.0% 순으로 나타났어요.
소득 수준과 고용률이 올라가고, 한국어 능력이 향상되면서 다문화 가족의 생활 여건이 전반적으로 나아졌지만, 2015년 조사 결과에 비해 외로움을 호소하는 경우가 늘고 친구 사귀기가 힘들다는 답변이 추가되었어요. 도움이 필요할 때 의논할 상대가 없다거나 여가·취미 활동을 함께할 대상이 없어 생활의 어려움을 덜어줄 사회적 관계가 부족한 것으로 나타났어요.

결혼이민자·귀화자의 한국 생활 어려움
2018년 기준(복수응답), 단위: % (자료: 여성가족부)

- 외로움 24.1
- 가족간 갈등 8.0
- 자녀 양육 및 교육 19.0
- 은행, 시군구청 등 기관 이용 6.2
- 경제적 어려움 26.2
- 언어 문제 22.3
- 생활방식, 관습 등 문화 차이 18.8
- 편견과 차별 7.4
- 친구 사귀기 7.1
- 기타 1.1

로 교실에 들어오는 자신을 누군가 알아차려 줬으면 좋겠다고 생각했어요.

자리에 앉으려던 장미는 앞에서 두 번째에 앉아 뒤를 돌아보고 있던 영지와 눈이 마주쳤어요. 키가 작은 영지는 늘 앞 자리였고, 키가 큰 장미는 늘 뒤에 앉았어요. 지금 생각해 보니 어떻게 그렇게 잘 어울려 다녔는지 신기

할 정도였죠. 이번에도 영지는 장미를 보고 웃었어요. 그리고 이번에도 장미는 어쩔 줄 몰라 당황스러웠고요.

'어떡하지? 나도 웃어야 하나? 아니야, 또 바보가 될 수는 없어. 진정한 친구는 없는 거야.'

장미는 영지의 눈길을 애써 무시하고, 서둘러 책가방을 책상 위에 내려 놓았어요. 그때 담임선생님이 들어오셨어요. 장미는 마침 다행이라고 생각했지요. 책을 꺼내려다 말고 앞을 바라보고 있는 영지의 등을 바라봤어요. 오늘도 제대로 공부하기는 쉽지 않을 거 같네요. 요새는 갑자기 많은 일이 일어나고 있는 것 같아요.

"손장미! 손장미!"

선생님이 부르는 소리에 장미는 깜짝 놀랐어요. 갑자기 국어 교과서를 읽어 보라는 말씀에 정신을 놓고 있던 장미는 당황했어요. 다행히 옆 책상에 앉은 친구가 손가락으로 페이지를 알려 줬어요. 장미는 또박또박 큰 소리로 읽었어요. 장미는 책 읽는 것은 자신이 있었어요. 왜냐하면 책을 읽을 때도 노래를 부를 때처럼 사람들이 목소리가 예쁘다고 했기 때문이죠. 하지만 사실 장미는 글자만 읽을 뿐 모르는 단어나 이해가 안 되는 내용이 많았어요.

"당신, 오늘 내 생일인 거 정말 몰랐어요? 그때서야 아빠가 두 눈을 끔벅끔벅하고는 말했어요."

장미가 이 대목을 읽자 키득거리는 아이들의 웃음소리가 들렸어요. 다른 집에서도 이런 일은 벌어지나 봐요.

"장미가 잘 읽어 주었네요. 교과서 앞에 보면 지금 우리가 읽은 부분에 대해서 질문이 있을 거예요. 그 질문에 대한 답을 한번 생각해 보고 그 생각을 적어 보도록 할게요."

책의 내용은 엄마 아빠의 이혼을 두고 겪는 형제의 아픔에 관한 것이었어요. 형제는 부모님의 이혼 소식을 듣고 껴안고 울어요. 그리고 동생은 아빠를, 형은 엄마를 따라가기로 결정하죠. 책을 보면서 장미는 엄마와 할머니, 아빠를 생각했어요. 만약 아빠와 엄마가 이혼하면 자기는 누구 편이 되어야 하는지…….

당연히 할머니와 아빠를 따라가고 싶었지만, 그러자니 엄마가 너무 불쌍했어요. 다른 나라에 시집와서 남들의 눈총을 받고 하루 종일 일하는 엄마가 떠올랐어요. 말은 안 했지만 엄마가 얼마나 자신을 사랑하는지 알고 있었어요. 엄마가 고향을 얼마나 그리워하는지도, 틈만 나면 베트남에 전화를 하고 딸 자랑을 한다는 것도요.

'난 누구 편일까? 엄마, 아빠? 한국, 베트남?'

아이들이 생각을 쓰기도 전에 수업이 끝나는 종이 쳤어요. 이제 점심시간이에요. 아이들은 우르르 교실을 빠져나갔어요. 장미는 비어 있는 지민이의 책상을 봤어요. 지민이 아빠는 얼마나 아프시기에 일주일이 넘도록 지민이가 학교에 오지 않는 걸까요. 장미는 같이 밥을 먹던 지민이가 보고 싶었어요.

'이대로 지민이가 안 오면 한 번 찾아가야 할까?'

장미는 식당으로 갔어요. 메뉴는 스파게티였어요. 오늘은 맛있게 밥을 먹을 수 있을 것 같았죠. 사실 장미는 토마토소스가 들어 있는 스파게티보다 한두 번 먹어 봤던 크림스파게티를 더 좋아해요.

할머니가 어디에 가셔서 엄마와 단둘이 있던 어느 날, 장미는 엄마와 함께 마트에 갔어요. 커다란 마트는 백화점만큼이나 컸어요. 엄마와 함께 과자도 사고, 옷도 샀어요. 게다가 시식코너에서 맛있는 음식도 잔뜩 먹었죠. 그때 집에 돌아와서 엄마가 크림스파게티를 해 주셨어요. 그러고 보니 장미가 진짜 좋아하는 것을 아는 사람은 엄마인 것 같았어요.

"야! 앞으로 가!"

누군가 앙칼진 목소리를 내뱉으며 장미의 등을 쳤어요. 하마터면 들고 있던 식판을 놓칠 뻔했죠. 젓가락 하나가 땅바닥에 떨어졌어요. 장미는 떨어진 젓가락을 바라보다가 옷에 닦았어요. 그리고 새 젓가락으로 바꿀 생각이었어요.

"에이, 더러워. 쟤는 땅에 떨어진 걸로 먹나 봐."

누군가의 말이 들렸어요. 장미는 못 들은 척 새 젓가락을 집어 자리로 돌아왔지만 그새 자신의 자리가 없어졌어요. 장미는 아무 말도 하지 못하고 다시 줄 끝에 가서 섰어요.

"야, 네 자리라고 말해! 왜 그냥 오냐!"

국어 시간에 읽어야 할 페이지를 알려 주었던 친구였어요. 우리 반에서 제일 키가 큰 아이. 장미는 아직 이 친구의 이름을 몰랐어요. 영지와의 일이 있은 뒤에 장미의 마음은 닫혀 버렸거든요.

'진정한 친구는 없어. 나 혼자가 편해.'

다른 친구가 장미에게 관심을 가져 주었으면 하는 생각이 들었지만, 다른 한편으로는 혼자가 나을지도 모른다고 생각했어요. 그런 이유 때문인지 장미는 같은 반 친구들의 이름을 잘 몰랐어요. 키 큰 친구도 그중 한 명이었죠. 이 친구는 늘 혼자 다녔어요. 눈에 잘 띄지도 않았지요. 어떻게 보면 눈에 띄고 싶어 하는 것 같지도 않았어요. 똑같은 외톨이인 것 같지만 이 친구는 장미와 달랐어요.

'뭐야, 유치하게 저런 애들이랑 난 차원이 다르지.'

키가 큰 친구는 다른 친구들을 이렇게 보는 것 같았거든요. 그런데 억울

한 일에도 아무 말도 하지 못하는 장미가 한심스러워 보였나 봐요.

'얘 이름은 뭐지?'

딴생각에 빠진 장미는 줄이 줄어드는 것도 모르고 서 있었어요. 키 큰 친구가 장미의 팔을 잡아당겼어요. 밥, 김치, 국, 감자볶음, 스파게티. 오늘은 그래도 장미가 맛있게 먹을 수 있는 반찬이 두 개나 있어요. 스파게티를 많이 주시면 좋으련만 다른 친구들 것보다 오히려 적어 보였어요.

'나도 남자 아이들처럼 다 먹고 나서 더 달라고 할 수 있으면 좋겠다.'

하지만 생각뿐, 장미에게는 그럴 용기가 없었어요. 식판을 들고 어디에 앉을지 두리번거렸어요. 키 큰 아이 혼자 앉아 있었어요.

'저 애 옆에 앉아도 될까? 그냥 앉을까?'

잠깐 고민을 했지만 식판을 들고 키 큰 아이가 앉은 식탁 맞은편에 앉았어요. 그래도 그 아이는 아무 말도 하지 않았어요. 그 친구는 장미는 신경도 쓰지 않고 책만 들여다봤어요.

'뭐 보는 거지? 그렇게 재미있나?'

밥을 먹다 말고 키 큰 친구는 가끔씩 빙그레 미소 짓기도 하고, 살짝 소리 내며 웃기도 했어요.

다른 날보다 스파게티가 맛있었어요. 장미도 키 큰 친구를 따라 슬며시 미소를 지어 보았죠. 배가 불렀어요. 김치와 국은 그대로 남아 있었어요. 장미는 식판을 들고 일어났지만 앞에 친구는 밥이 반이나 남아 있는데도

장미의 다문화 보고서

다문화 가정 아이들의 학교생활

여성가족부가 2018년에 다문화 가정 1만 7천 가구를 대상으로 다문화 가정 아이들이 한국에서 학교를 그만 둔 이유를 복수 응답으로 조사한 결과, 친구나 선생님과의 관계 때문이라는 답변이 23.4%나 나왔어요. 2015년에는 단일 응답이긴 했지만 1.3%에 불과했던 답변이 최근 조사에서는 20배 가까이 늘었다는 점이 주목받고 있어요.

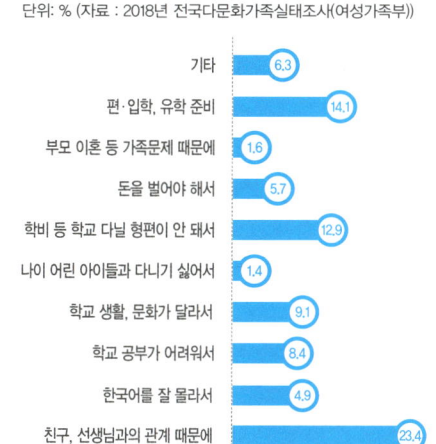

다문화가족 자녀의 학업 중단 사유
단위: % (자료 : 2018년 전국다문화가족실태조사(여성가족부))

- 기타 6.3
- 편·입학, 유학 준비 14.1
- 부모 이혼 등 가족문제 때문에 1.6
- 돈을 벌어야 해서 5.7
- 학비 등 학교 다닐 형편이 안 돼서 12.9
- 나이 어린 아이들과 다니기 싫어서 1.4
- 학교 생활, 문화가 달라서 9.1
- 학교 공부가 어려워서 8.4
- 한국어를 잘 몰라서 4.9
- 친구, 선생님과의 관계 때문에 23.4

이에 학교에서는 다문화 가정 자녀들에게 한국어 및 부족한 교과를 지도하기 위한 프로그램과 다문화 아이들의 정체성 확립을 위한 상담 활동, 다문화 가정의 외국인 어머니를 활용하여 그 나라 문화를 소개하는 학습 활동 등 경제적, 사회적 기반이 취약한 다문화 가정 자녀가 정규 교육으로부터 소외되지 않고 주변으로부터 차별 받지 않도록 지원하고 있어요.

여전히 책을 본 채 고개도 들지 않았어요. 장미는 쭈뼛쭈뼛 일어나 김치와 국을 잔반통에 버렸어요.

"쟤는 김치도 못 먹나 봐. 한 번도 김치 먹는 것을 본 적이 없네."

"쟤, 우리나라 사람 아니잖아."

식판을 들고 있던 장미의 손이 떨렸어요. 식판을 받으려던 아주머니가 무슨 일이지 하는 표정으로 장미를 바라봤어요. 여전히 장미는 식판을 내밀지도 않고 손을 떨고 있었어요. 장미는 입술을 꽉 깨물었어요.

'야, 네 자리라고 말해! 왜 그냥 오냐!'

키 큰 아이의 말이 생각났어요. 정말 자신이 말도 못 하는 바보라는 생각이 들었어요. 견딜 수 없는 수치심이 올라왔어요. 장미는 식판을 들고 뒤를 돌았어요. 식판에서 김칫국물이 뚝뚝 떨어졌어요.

"난 한국 사람이야!"

장미는 외쳤어요. 다시 뒤를 돌아서 아주머니에게 식판을 내밀었어요. 모든 아이들의 시선이 자신의 등 뒤에서, 얼굴에서 느껴졌어요. 장미는 자신이 외쳤던 말이 자신의 주변에서 메아리치는 것처럼 느껴졌어요. 입술을 앙다물고, 눈에도 발에도 힘을 주고 뛰지 않고 걸었어요. 급식실에서 최대한 멀리 떨어졌다고 생각했을 때 장미의 온몸에서 힘이 빠졌어요. 장미는 운동장 구석의 의자에 털썩 주저앉았어요.

'내가 무슨 짓을 한 거지? 내가 무슨 말을 한 것일까?'

갑자기 수많은 걱정이 밀려왔어요. 다시 교실로 돌아갈 용기도 없었죠. 종이 치고 운동장에 있던 아이들도 하나둘씩 교실로 들어가기 시작했어요. 하지만 장미에게는 돌아갈 곳이 없었어요.

읽기, 쓰기는 힘들어요

종이 울렸어요. 수업이 모두 끝났어요. 그런데 장미는 아직도 운동장 끝 나무 밑에 앉아 있었어요. 아이들이 우르르 나오기 시작했어요. 아이들이 거의 다 빠져나가고 운동장에 아직 집에 가지 않은 아이 몇 명이 놀고 있을 때쯤, 장미는 교실에 들어갔어요.

"손장미!"

장미는 깜짝 놀랐어요. 심각한 얼굴을 한 담임선생님이 장미를 바라봤어요. 돌아오지 않은 장미를 기다리고 계셨던 모양이에요.

"어디 갔다 오니?"

장미는 어떤 말도 할 수 없었어요. 아니, 아무 말도 하고 싶지 않았어요. 한참 침묵이 흘렀어요.

"배고프지 않니? 우리 떡볶이 먹으러 갈까?"

선생님은 책상 위에 놓인 출석부와 책을 들고 일어섰어요.

"뭐해? 장미 너도 책가방 챙겨야지."

장미는 고개를 들고 선생님을 바라봤어요. 선생님은 장미를 보고 웃으셨어요. 장미는 그런 선생님이 꽃처럼 예쁘다고 생각했지요. 선생님은 장미의 손을 잡고 장미의 책상으로 가서, 책을 책가방에 넣고 가방의 지퍼를 닫았어요. 친절하게 가방을 장미의 어깨에 매어 주기까지 했죠.

"자, 가자!"

선생님은 장미에게 손을 내밀었어요. 장미는 선뜻 손을 잡지 못했어요. 그러자 선생님이 장미의 손을 잡아 주었어요. 장미는 선생님의 손을 잡고 분주해 보이는 떡볶이 집에 갔어요. 장미는 조금 실망스러웠어요. 작고 조금 지저분해 보이는 가게였거든요. 학교 앞 분식집이랑 똑같아 보였어요. 선생님이랑 함께 오는 떡볶이 집은 왠지 더 근사한 곳일 거라고 기대를 했었거든요.

"여긴 선생님이 중학교 때부터 친구들이랑 잘 다니던 곳이야. 이래 보여도 굉장히 맛있다! 즉석 떡볶이 먹어 봤니?"

장미는 말없이 고개를 저었어요. 선생님은 말 없는 장미를 앞에 놓고 즉석 떡볶이에 들어가는 재료며 이곳에 왔던 선생님 친구들 얘기를 했어요.

"선생님 친구 중에 떡볶이를 너무 좋아해서 매일매일 떡볶이를 사 먹던 친구가 있었어. 그 친구 때문에 매일 떡볶이 먹느라 죽는 줄 알았다니까. 근데 그 친구 졸업하고 지금 뭐 하는 줄 알아?"

"……."

"선생님이 졸업한 고등학교 앞에서 떡볶이 가게!"

떡볶이를 좋아하던 친구가 떡볶이 집을 한다는 이야기에서 장미는 자신도 모르게 웃음을 터뜨렸답니다.

"우리 장미 오늘 처음으로 웃었네. 그 친구 처음에는 포장마차로 시작했는데 학교 때 먹은 엄청난 양의 떡볶이 때문인지 제법 맛있다니까. 그래서 1년 만에 가게까지 차렸어! 대단하지?"

"네!"

"와, 떡볶이 나왔다!"

장미는 눈이 휘둥그레졌어요. 정말 커다란 냄비에 여러 가지가 하나 가득 담겨 있었지요. 장미가 싫어하는 깻잎이 떡하니 맨 위에 올라와 있었지만 그것보다 이렇게 어마어마한 떡볶이는 처음이었어요. 시간이 지나면서 냄비가 보글보글 끓기 시작했어요. 선생님은 다 익지도 않은 것 같은데 젓가락을 자꾸 갖다 대며 잘 익은 떡 하나를 장미의 접시에 놓아 주었어요.

"자, 이제 먹어 볼까? 오늘은 먹방이다!"

즉석 떡볶이라는 것은 학교 앞에서 먹던 떡볶이와는 또 다른 맛이었어요. 선생님은 보기와는 다르게 떡볶이를 엄청 많이 먹었어요. 장미는 떡볶

이가 맛있어서 정신없이 먹으면서도 신기하다는 듯이 선생님을 바라보곤 했지요.

"선생님이 너무 잘 먹지? 소문내면 안 된다. 우리 밥도 볶아 먹을까?"

"어? 아……."

장미가 미처 배가 불러서 못 먹겠다는 말을 하기도 전에 선생님은 볶음밥을 주문했어요. 학교에서는 한없이 자상하고 얌전한 줄 알았는데 선생님은 먹을 것을 참 좋아하고 시원시원했답니다.

'먹을 것을 엄청 좋아하시네. 우리처럼 수다도 떠시고.'

장미는 학교에서 보는 선생님보다 밖에서 보는 선생님이 더 좋았어요. 선생님은 장미에게 오늘 있었던 일에 대해 캐묻지 않았어요. 선생님처럼, 엄마처럼 그렇게 따지지도 않았지요. 그저 장미와 함께 밥을 먹고 신나게 수다를 떨었어요. 장미를 집 근처까지 데려다 주시면서도 별다른 이야기를 꺼내지 않았어요.

"장미야, 내일 학교에서 보자!"

장미는 대답 대신 고개를 끄덕였어요. 대답을 할까 말까 망설이는 동안 선생님은 벌써 저 멀리 가셨죠.

계단을 올라가는데 어디선가 익숙한 목소리가 들렸어요. 엄마가 베트남으로 전화를 걸고 있는 모

양이에요. 장미는 올라가던 걸음을 멈추고 엄마의 전화가 끝나기를 기다렸어요.

"또이 쎄야 리엔 나이."

'또 연락한다'는 말은 장미가 어렸을 때부터 하도 들어서 알고 있는 말이었어요. 엄마는 전화를 끊고 수화기를 들고 말했어요.

"아잉 녀 엠……."

엄마는 '보고 싶다'는 말을 하며 흐느끼는 것 같았어요. 장미는 우는 엄마를 보니까 어제 못되게 굴었던 일이 생각났어요.

'그렇게 심하게 말하는 게 아니었는데…….'

장미는 조금 후회가 됐어요.

엄마가 집 안으로 들어간 후 장미도 잠시 후에 집에 들어갔어요.

"다녀왔습니다."

장미는 작은 소리로 말하고 자신의 방 쪽으로 발을 돌렸어요.

"왔어? 선생님이랑 맛있는 거 먹었어? 뭐 먹었어?"

장미는 깜짝 놀랐어요. 선생님과의 일을 엄마가 알고 있으리라고는 상상도 못했으니까요.

"어떻게 알았어?"

"선생님 전화 왔어. 너랑 같이 있다고, 저녁 먹는다고."

"엄마한테?"

장미는 선생님한테 조금 서운한 생각이 들었어요. 둘만의 비밀인 줄 알았는데, 어느새 엄마에게 그걸 말해 버렸을까요. 이제는 비밀도 아닌 일을 말하지 못할 이유는 없었어요.

"떡볶이."

"맛있어요. 응 온 람."

엄마는 가끔 베트남 말을 잊어버리면 안 되기라도 하는 듯 한국어와 베트남어를 섞어 말하곤 했어요. 아니면 정말로 한국어를 잘 모르는 것일 수도 있고요. 장미는 집 안을 둘러보았어요. 벌써 할머니가 나와서 '내 새끼 왔냐?'고 해야 하는데 할머니가 보이지 않았어요.

"할머니 고모 집 갔어. 가셨어."

엄마는 할머니가 계시지 않을 때는 높임말을 잘 했어요. 할머니가 계실 때 이렇게 말했다면 할머니에게 그렇게 구박당하지 않을지도 몰라요.

"고모?"

"할머니 동생."

"아, 이모할머니네."

"응."

"할머니 아프신 것 같았는데, 괜찮으셔?"

"조금 아프다고, 너 감기 옮으면 안 된다고 말했어."

장미는 할머니가 걱정이 됐어요. 그러면서도 며칠 동안 엄마와 할머니의 싸움을 보지 않아도 된다고 생각하니 안도가 되기도 했지요. 하지만 장미에게는 여전히 큰 걱정이 남아 있었어요.

'내일 학교에 어떻게 가지? 가지 말까? 아니야, 선생님께서 그렇게 말씀하셨는데, 그리고 고개도 끄덕였는데…….'

다음 날 장미는 여느 때보다도 일찍 일어났어요. 일찍 일어나고 싶은 마음이 전혀 없었는데, 어제 급식실에서 있었던 일 때문에 걱정이 되었던 것일까요. 장미는 엄마가 차려 주는 밥을 먹었어요.

"무슨 생각해?"

"응, 아니……."

아무리 천천히 준비를 해도 시간은 더디게만 갔어요.

어느새 장미는 교실 문 앞에 서 있었어요. 그런데 문을 열고 들어설 용기가 나지 않았어요. 아이들은 이미 다들 교실에 들어갔는지 복도를 오가는 아이들이 하나도 없었어요.

"장미야!"

선생님이 장미의 어깨를 안았어요.

"들어가자!"

선생님은 장미와 함께 앞문이 아니라 뒷문으로 들어가셨어요. 그리고 장미를 자리에 앉히고 교탁 쪽으로 가셨지요. 장미는 조용히 가방을 내려놓고 책을 꺼냈어요. 오늘은 1교시가 국어예요. 책을 펴며 힐끗 옆쪽을 보았

장미의 다문화 보고서

백인 우월주의가 뭐예요?

백인 우월주의란 백인이 다른 인종보다 선천적으로 우월하다는 개념을 말해요. 때로는 백인이 주도하는 사회나 국가의 정치 이념을 나타내기도 하죠. 백인 우월주의는 반흑인주의나 백인이 아닌 모든 아랍인이나 아시아인에 대한 편견과 차별을 나타내기도 해요.

백인 우월주의가 가장 심하게 나타난 것은 백인 우월주의와 독일민족주의, 반유대주의가 결합하여 나타난 나치즘이에요. 그 외에도 미국의 KKK단이나 러시아의 스킨헤드 등이 있어요.

지만 누구 하나 장미를 바라보는 사람은 없었어요. 장미는 자신도 모르게 안도의 한숨을 내쉬었어요. 소리가 너무 커서 깜짝 놀라 손으로 입을 막았지요.

"오늘은 방언, 즉 사투리에 대해서 배워 보는 시간이에요. 나라마다 언어가 다르듯 한 나라 안에서도 언어는 조금씩 다를 수 있어요. 물론 우리나라는 의사소통하는 데 큰 문제는 없어요."

"말도 안됩니다예."

늘 까불까불 장난을 잘 치는, 언젠가 장미에게 부딪혔던 그 아이가 말했어요. 반 아이들이 한바탕 웃었어요.

"이노무 자슥이 그기 무꼬?"

선생님도 그 아이의 말을 받아 장난을 치셨어요. 그런데 장미는 웃을 수 없었어요. 대충 무슨 말인지는 알겠지만 정확한 뜻은 잘 몰랐거든요. 평소에도 그냥 한국말조차 어려울 때가 있는데 사투리는 더 어려웠어요. 장미는 읽기는 잘 했어요. 그러나 내용 이해와 쓰기를 잘 못했어요.

'한국말도 잘 못하는데 어렸을 때 베트남 말을 가르쳐 줘서 더 혼란스러운 거야.'

한국어가 잘 이해되지 않을 때마다 장미는 엄마 때문이라고 생각했어요. 반 아이들은 표준말을 사투리로 바꾸며 자꾸 웃음을 터뜨렸어요. 장미는 그 대화에 낄 수 없었어요. 아이들이 하는 말들이 베트남어처럼 들렸지요.

우리나라 다문화 출신 국가들에 대해 알아봐요 ❷

베트남

물소

베트남은 남북으로는 길게 뻗은 나라로 그 모양이 마치 용을 닮았다고 해요. 베트남인은 54개 민족으로 구성되어 있으며 비엣 족이 전체 인구의 약 86%를 차지하고 있어요. 베트남을 대표하는 동물은 물소예요. 베트남은 물이 많은 농업국가로, 물소는 중요한 일

아오 자이

전통 모자 논

쌀국수

베트남 전통 가옥

꾼이자 가족이에요. 베트남의 전통 의상은 아오 자이로, 허리 부분이 잘록하게 들어간 긴 저고리처럼 생겨 시원하고 편안한 느낌을 줘요. 또한 야자나무 잎으로 만든 모자 논도 베트남 여인들의 상징이에요. 베트남은 쌀을 많이 생산하기 때문에 쌀로 만든 음식이 다양해요. 쌀가루로 만든 국수를 퍼라고 하는데 이것이 바로 베트남 쌀국수랍니다. 베트남의 전통 가옥은 더위로 뜨거워진 땅을 바닥과 떨어뜨려 놓아 집이 높이 떠 있어요. 집 아래에는 연못을 만들어 물고기를 키워서 식량으로 사용하기도 한답니다.

베트남의 수도는 하노이로 베트남의 북쪽에 있고, 남부 지방에는 호치민이 있어요. 베트남은 아시아에서 유일하게 제국주의 세력을 자기 힘으로 물리쳐 독립 유지에 대한 자긍심이 대단해요. 또 불교를 숭상하고 유교적 전통문화를 보존하고 있죠. 베트남은 9를 신성한 수로 여기고, 5는 베트남어로 위험이란 단어와 비슷해 기피한답니다. 베트남은 여성의 사회 진출이 높고 정치, 경제, 사회 각 분야에서 여성들이 많이 활약하고 있어요.

토론왕 되기!

다문화 가정은 무엇이 다를까?

한국의 다문화 가정은 급증하고 있어요. 매년 3만여 쌍이 결혼을 하니 새로 태어나는 2세들도 엄청나게 늘고 있지요. 본격적인 다문화 시대를 맞아 조화롭게 살아가는 방법은 어렵지 않아요. 다양성을 인정하되 차별하지 않으면 되는 일이니까요.

길을 가다 중국어나 다른 언어로 대화를 한다거나 전화 통화를 하는 사람을 보면 저절로 눈길이 갈 수는 있어요. 그것은 한국어만 가득한 곳에서 들린 낯선 언어에 대한 호기심이니까요. 그러나 그들을 경제적으로 가난한 나라에서 왔다고 무시한다거나 이유 없이 인상을 쓰며 싫어하는 표현을 하는 건 잘못이에요. 이분들은 한국인들이 하지 않는 힘든 일들을 맡아 주시거나, 노동력이 부족한 농어촌 지역에 많은 도움을 주고 있어요.

또한 다양한 인종·종교·문화가 공존하는 것이 국가 경쟁력에도 도움이 된답니다. 이것을 다문화주의라고 해요. 여러 국가의 문화를 서로 존중하고 교류하며 자유롭게 접하는 것이 급속히 통합되는 현대 세계에서 꼭 필요한 능력이 될 수 있지요. 게다가 외국인 이주민이 많아질수록 우리 문화 또한 더욱 풍부해져요.

그렇다면 다문화 가정 아이들의 삶은 어떨까요? 한국에서 다문화 가정 자녀로 살아가는 것은 힘든 일이에요. 학업이나 이성 친구, 진로 등 사춘기 청소년의 일반적 고민에 '정체성' 문제까지 더해지기 때문이죠. 게다가 다문화 가정의 아이라고 특별하게 대우하는 것 또한 아이들에게 부담으로 작용할 수 있어요.

그러나 다문화 가정 자녀라서 좋은 점도 있어요. 남들은 경험해 보지 못하는 타국 문화에 대해 배우고, 한국어뿐 아니라 다른 언어를 함께 익힐 수 있고, 다른 나라의 음식도 자주 접할 수 있기 때문이죠. 다문화 가정의 아이들도 행복한 가정에서 자라 저마다의 개성을 지닌 우리와 똑같은 친구들이에요.

다문화 퀴즈

다문화 가정이 겪는 어려움으로 맞지 않는 것은 무엇일까요?

① 어머니가 외국어를 사용하기 때문에 아이들이 어릴 때부터 2개 국어를 사용할 수 있다.
② 다른 학생들과 구별되는 외모로 또래 친구들과의 관계에서 소외되기도 한다.
③ 사회적 분위기로 인해 아이가 외국인 부모에 대해 긍정적인 생각을 갖지 못한다.
④ 불안한 직업과 열악한 작업 환경, 오랜 노동 시간으로 부모가 가정에 충실하기 어렵다.

정답: ① 아이들이 2개 국어를 사용하는 것은 다문화 가정의 긍정적인 면이에요.

3장

다문화 가정, 자신 있게 말하고 싶어요

다양한 관심과 도움이 필요해요

쉬는 시간이 됐어요. 아이들은 여전히 사투리를 쓰며 수업 시간의 여운을 이어갔어요. 장미는 가방 속에서 휴대폰과 이어폰을 꺼내 들고 나왔어요.

'어서 빨리 나만의 비밀 장소로 가야지!'

오른쪽 계단으로 나가면 바로 화단이 나와요. 그 화단 왼쪽에는 커다란 벽이 있어서 그곳에 있으면 사람들이 잘 보이지 않죠. 장미는 그 벽에 기대어 이어폰을 꼈어요. 겨우 마음이 안정되는 것 같았지요.

"슬퍼하지마 no no no 혼자가 아니야 no no no……."

좀 지난 노래지만 장미에게는 이 노래가 큰 힘이 되어 주었어요. 눈을 감고 노래를 한 번 다시 들었어요. 눈을 떴을 땐 복도에 아이들이 하나도 없었어요. 수업 시작종이 이미 친 모양이에요. 선생님께 죄송한 마음이 들었어요. 한편으로는 아이들 사이에서 튀는 존재가 되는 것도 싫었지요.

조용히 문을 열고 교실로 들어갔어요. 다행히 선생님은 뒤를 돌아 칠판에 수학 문제를 적고 계셨어요. 다른 아이들도 필기를 하느라 아무도 장미가 들어오는 것을 눈치 채지 못했어요. 장미는 안도의 한숨을 쉬며 자리에 앉았어요. 그리고 국어책을 얼른 덮고 수학책을 꺼냈죠.

탁. 무엇인가 떨어지는 소리가 났어요. 장미는 당황해서 어쩔 줄 몰랐어요. 선생님은 계속 필기를 하셨지만, 아이들 몇몇이 돌아봤어요. 장미의 얼굴이 빨개졌어요. 바닥을 둘러봐도 아무것도 보이지 않았어요.

가만 보니 아이들은 장미가 아니라 옆자리의 키 큰 아이를 보고 있었어요. 그 아이 왼편으로 연필이 떨어져 있었지요. 그런데도 그 아이는 연필을 주울 생각도 하지 않고 턱을 괴고 책만 바라보고 있었어요. 이어폰을 끼고 있는 것이었어요.

장미는 그 아이의 옷깃을 살짝 잡아당겼어요. 그제야 그 친구는 고개를 들고 장미를 바라봤어요. 장미는 바닥에 떨어진 연필을 가리켰죠. 그 아이는 이어폰을 빼고 연필을 주웠어요. 그리고 장미를 쳐다봤어요. 장미는 얼른 시선을 거두고 칠판을 보았어요. 잠시 후 장미가 그랬던 것처럼 키 큰 친구가 장미의 옷을 잡아당겼어요.

"고마워!"

그 친구는 소리를 내지 않고 입 모양으로 고맙다고 말했어요.

'혼자가 아니야, 혼자는 아니야.'

장미는 되뇌었어요. 수학 시간에는 유난히 딴짓을 하는 아이가 많았어요. 장미도 숫자만 나오면 머리가 아팠지만 그래도 쓰기보다는 나았어요. 아이들은 끝나는 종이 울리자마자 몸을 비틀어 대고 교실은 순식간에 난리법석이 됐어요. 그런데 교실 문을 나서던 선생님이 다시 들어오셨어요.

"장미야, 나 좀 보자!"

선생님의 말에 아이들 몇몇이 장미를 쳐다봤어요. 장미는 또 대답을 못 하고 있었어요. 스스로도 바보 같다는 생각이 들었답니다.

"뭘 멍하니 있어? 선생님이 부르시잖아!"

키 큰 아이였어요.

"응? 으, 응."

쉬이 발걸음이 떨어지지 않았어요.

'선생님이 왜 부르시지? 혹시 수업 시간에 늦게 들어왔다고 야단치려고 그러시나?'

"장미야 여기!"

교무실에 들어오는 장미를 발견한 선생님은 반갑게 손을 들며 외쳤어요. 교무실에 들어올 일이 거의 없는 장미는 많은 선생님들이 계시는 공간이 낯설었어요.

"이거, 어때?"

선생님은 장미에게 종이 한 장을 내밀었어요.

"이게 뭐예요?"

"네 꿈이 가수잖아. 영지가 그러는데 너 노래 굉장히 잘한다던데?"

언제 영지와 선생님은 그런 얘기를 나누었을까요? 또 영지가 선생님에게 그런 말을 하다니 장미는 마음속으로 조금 놀랐어요.

"그렇게 잘하는 건 아니에요."

"선생님이 네 노래를 제대로 들어본 적이 없지만 왠지 너라면 충분히 합격할 것 같은데? 이 합창단은 다문화 가정 어린이를 대상으로 모집하는 거야."

장미는 선뜻 대답할 수 없었어요. 노래를 좋아하지만 공개 오디션이라니, 그렇게 큰 무대에는 서 본 적이 한 번도 없어서 자신이 없었어요. 장미는 선생님이 든 용지를 자세히 봤지요.

"레인보우 합창단은 대통합 홍보대사를 맡고 있고, 여러 곳에 공연도 간단다. 가끔 외국에 나갈 때도 있어. 물론 지원을 받아서. 그리고 이곳에서 세계 각국의 친구들을 만날 수도 있고."

선생님은 장미의 표정을 보면서 열심히 설명을 하셨어요. 장미도 선생님의 얼굴을 봤어요.

'선생님은 진짜로 내가 여기에 들어가길 바라시는구나. 내가 붙을 수 있을 거라고 생각하시는 것 같아. 한 번 해 볼까? 어쩌면 나와 같은 고민을 가진 친구들을 만난다면 진짜 친구를 사귈 수 있을지도 몰라.'

"네."

자신 있는 목소리는 아니었지만 드디어 장미는 결심을 했어요.

"잘 생각했어! 넌 꼭 합격할 거야!"

선생님은 장미보다 더 신나 보였어요. 장미도 선생님께서 기대하시는 것처럼 그런 일이 현실이 된다면 얼마나 좋을까 생각했어요. 장미는 벌써부터 노래는 무엇을 부를지, 어디에서 노래 연습을 할지, 반주는 어떻게 해야 할지 즐거운 걱정이 밀려왔어요. 그때 영지네 집 피아노가 생각났어요. 생일 파티 때, 영지는 드라마에 나오던 노래를 연주했었거든요. 그 옆에서 장미는 노래를 흥얼거렸었어요.

'그땐 정말 즐거웠는데……'

생각에 잠겨 걷던 장미는 앞에서 오는 다른 아이와 부딪힐 뻔했어요.

"미안……"

이게 무슨 일일까요. 그 아이는 영지였어요.

"괜찮아, 내가 딴생각하다가 그런 건데 내가 미안해."

"아니야, 내가 딴생각하느라……"

장미는 영지의 얼굴을 똑바로 볼 수가 없었어요. 자신이 잘못한 것도 아닌데, 분명 영지의 잘못으로 이렇게 됐는데 이러는 자신을 이해할 수 없었지요.

오후 수업은 합창단에 대해 생각하다가 다 지나가 버렸어요. 시간이 어느

새 지나갔는지 마치 요술을 부리는 것 같았지요. 장미의 마음은 오랜만에 설레고 들떴어요. 집으로 가는 발걸음도 가벼웠죠.

"다녀왔습니다!"

큰 소리로 외쳤어요.

"내 새끼 왔네!"

"할머니!"

장미는 할머니의 굽은 등을 껴안았어요. 그새 할머니의 몸집이 줄어들기

장미의 다문화 보고서

다문화 가정의 권리를 보호하기 위한 노력

다문화가족지원 포털인 다누리(https://www.liveinkorea.kr)나 평생교육진흥원, 주민센터 홈페이지에 들어가면 다문화에 관한 다양한 자료와 정보를 얻을 수 있어요.

입학 절차나 학교 정보 등 자녀 교육 자료뿐 아니라 각국의 다양한 역사와 문화를 서로 이해하고 공감할 수 있는 홍보 자료, 다문화 학부모를 위한 학부모 교육 과정 등을 다양한 언어로 번역하여 제공하고 있어요.

또한 방송대에서는 다문화 가정 학부모 교육 과정을 운영하며, 이 과정을 이수한 다문화 가정 학부모들을 신규 입국한 학부모의 멘토로 연결해 주고 있답니다.

라도 한 듯 먼젓번에 안았을 때보다 더 꼭 껴안을 수 있었어요.

"내 새끼 잘 있었어?"

"응, 할머니 나 오디션 볼 거야!"

"오디션? 그건 또 뭐냐?"

"에이, 할머니는 그것도 모르고. 나 레인보우 합창단이라고 거기에 들어갈 거야."

"아, 학교 합창단."

"아니에요. 이 합창단에 들어가면 여러 곳에 공연도 하러 간대. 외국도 가고."

"정말? 그럼 내 새끼가 누구 손녀인데 암, 그래야지."

"아직 합격한 거 아니라니까 오디션을 봐야 해요. 시험이요!"

"당연히 합격이지!"

"할머니도 참."

장미가 할머니의 품에 파고들자, 할머니는 장미의 엉덩이를 토닥토닥 두들겨 주셨어요.

"다녀왔어요."

웬일인지 엄마도 오늘따라 일찍 들어오셨어요. 엄마의 오른손에 들린 검정 봉지가 눈에 띄었어요.

"장미야, 오늘 삼겹살 먹자!"

"우와, 삼겹살?"

"네가 오늘은 웬일이냐. 일찍 들어오고……."

할머니도 더 이상 길게 나무라지는 않으셨어요. 엄마는 서둘러 부엌으로 가시더니 삼겹살을 구웠어요. 장미는 저녁을 배부르게 먹고 나서 휴대폰에 저장된 노래를 뒤적거렸어요.

"무슨 노래를 해야 하지?"

오랜만에 즐거운 고민에 빠졌어요. 장미는 학교에 가서 선생님에게 음악실에서 연습을 해도 되는지 용기를 내서 여쭤 봐야겠다고 결심했어요. 좋은 일 하나가 다른 좋은 일들을 불러들이는 것 같았답니다.

다를 뿐 틀린 건 아니에요

다른 날보다 일찍 학교에 도착한 장미는 책상 위에 놓인 쪽지를 발견했어요. 덜컥 겁이 났죠. 지난날의 악몽이 떠올랐기 때문이에요. 이렇게 좋은 날, 누군가 자기의 기분을 망칠까 봐 두려웠어요. 장미는 떨리는 손으로 종이를 펼쳤어요.

'장미야! 내가 반주해 주면 안 될까?'

쪽지를 본 장미는 깜짝 놀랐어요. 영지였어요. 선생님이 합창단에 대해서 말씀하셨을 때부터 영지가 떠올랐는데 어떻게 이런 일이 생긴 것인지, 장미는 정말 기뻤어요. 장미는 앞쪽에 앉은 영지의 뒷모습을 바라봤어요.

영지는 옆 친구와 수다를 떨고 있었어요. 영지의 쪽지를 받고 나니 어서 빨리 영지와 예전처럼 되돌아가면 좋겠다고 생각했어요. 교실의 소란스러운 분위기는 예전과 다름없었지만 그 가운데에서도 유독 영지의 모습이 선명하게 들어왔어요.

"선생님 오신다!"

누군가 외치며 교실 안으로 들어왔어요. 일순간 정적이 흘렀지요. 장미도 선생님이 무슨 말을 할지 기대가 됐어요.

'이따 선생님께 찾아가서 말할까? 영지가 이런 쪽지를 보내 왔다고, 연습은 어떻게 하면 좋은지 도움을 청할까?'

수많은 생각들이 머릿속에 오갔어요.

"이번 시간에는 학급회의 시간이죠? 회장, 선생님이 전달한 거 있죠? 그 내용에 대해 친구들의 의견을 들어보는 시간으로 진행해 주세요!"

아이들이 웅성거렸어요. 아마도 '새싹 축제' 이야기인 모양이에요. 저학년은 그림이나 시 등 전시를 주로 한다면 고학년은 축제에 올릴 연극, 뮤지컬, 노래, 연주 등을 맡는 게 학교의 전통이거든요. 축제 때는 학부모들과 외부 손님들도 많이 오셨어요.

"2학기에 있을 '새싹 축제' 준비에 관한 것입니다. 이번에는 각 반에서 부

스를 하나씩 배정받아, 세계 각국의 전통에 대해 소개하는 게 핵심 주제입니다. 일단 뽑기를 통해 우리 반은 '몽골'에 선정되었습니다."

회장이 나와서 축제의 전반적인 이야기를 들려주었어요. 여자 아이들은 입을 삐죽거렸어요. 예쁜 옷을 입을 수 없다는 게 주된 이유였죠. 반대로 남자 아이들은 누군가 '징기스 칸'을 언급하자 신이 나서 떠들어 댔어요.

"먼저 우리 반에서는 어떤 식으로 몽골이라는 나라를 소개할지, 어떻게 팀을 나눌지에 대해 이야기해 봐야 할 것 같습니다. 이 두 가지 안건을 기억하시고 다음 학급회의 때까지 일단 몽골에 대해 팀을 나눠 조사하도록 하겠습니다!"

학급회의가 끝나자 여자 아이들은 축제에 대한

내용보다 친한 친구들과 한 팀원이 되기를 바라는 이야기에 여념이 없었어요. 남자 아이들은 갑자기 전쟁놀이에 심취했고요. 별다른 반응도, 기대도 없는 사람은 장미를 포함한 몇 명뿐이었어요.

몽골은 베트남이라는 나라보다 더 생소한 나라였어요. 이것보다 장미에게 더 중요한 것은 합창단 오디션이었죠. 오디션은 겨우 한 달밖에 남지 않았거든요. 어젯밤 늦게까지 곡을 찾아보았지만 딱히 마음에 드는 게 없었어요. 장미는 방과 후에 컴퓨터실에 들렀어요.

'레인보우 합창단 오디션'

검색창에 적어 보았어요. 주로 합창단의 활동이나 활약상에 관련된 기사가 많았어요. 다문화 가정 아이들로 이루어진 합창단으로서 다양한 아이들이 모여서 아름다운 음악을 통해 하나 됨을 노래한다고 소개된 글이 있었어요. 한국이 싫다던 아이들도 합창단 활동을 하면서 많이 바뀌었다고 합창단 지휘자 선생님은 말했어요. 글과 사진을 보고 있으니 장미는 합창단에 들어가고 싶다는 생각이 더 간절해졌어요. 오디션에 적절한 곡들을 골라 보려 했어요. 하지만 수많은 곡이 있어서 오히려 선정하는 게 어려웠죠.

'선생님께 도와달라고 할까?'

문득 장미는 그런 생각을 하다 스스로 깜짝 놀랐어요.

'내가 선생님께 무엇을 부탁해야겠다고 생각하다니!'

어느새 자신이 선생님에 대해 조금은 친하게 느끼고 있는 것인지도 몰랐어요.

'선생님도 나처럼 나를 친하게 생각하실까? 아니야, 선생님은 다른 아이들한테도 다 친절하니까.'

아무리 생각해도 연습할 곳이 없었어요. 장미네 집에는 피아노도 없었고, 집 안에서 노래 연습을 하다 보면 이웃집까지 소리가 다 들릴 게 뻔하거든요. 신경이 쓰여서 맘껏 노래를 할 수 없을 것 같았어요. 장미는 들어가지 못하고 교무실 앞에 서 있었어요. 그러다 교무실에서 나오는 영지와 딱 마주쳤어요. 장미는 어떻게 반응을 해야 할지 몰라서 또 고개를 숙였어요.

"저 장미야, 내 쪽지 봤어?"

영지의 목소리를 듣고서야 장미는 고개를 들고 영지를 봤어요.

"어, 어……."

"어때? 괜찮아?"

"으, 응."

"그럼 너도 오케이 한 거다! 우리 선생님께 음악실 사용하는 거 말씀드리자!"

"엉? 응."

장미는 얼떨결에 대답했어요. 마음의 준비도 되지 않았는데, 할 말이 참 많았는데 갑작스럽게 영지와 짧지만 대화를 하게 되자, 가슴을 무겁게 눌렀던 무엇인가가 조금은 내려간 것 같은 느낌이 들었어요. 선생님은 장미와 영지가 함께 들어가자 더 환한 표정으로 맞아 주셨어요.

"둘이 얘기 잘 됐어?"

"네!"

영지도 선생님만큼이나 기쁜 표정으로 대답했어요.

"선생님, 내일부터 당장 연습 시작할게요!"

"그래, 선생님이 방과 후에 한 시간씩 연습할 수 있도록 준비해 놓을게. 엄청 기대된다. 우리 파이팅 할까?"

장미의 다문화 보고서

다문화 아동에 대한 선생님의 역할

다문화 가정의 증가로 대부분의 학교에는 해마다 각 반에 한두 명씩 다문화 학생들이 들어오게 되었어요. 그 학생들은 우선 피부색에서 차이가 나서 왕따를 당하는 경우가 종종 발생해요.

이때 담임선생님이 다문화 학생을 배려하고 외향적으로 활동할 수 있도록 지지해 준다면 보통 학생들은 다문화 학생이라는 걸 따지지 않고 함께 어울리게 돼요.

그러나 다문화 학생에 대한 일반 학생들의 역차별과 시샘 또한 발생할 수 있기 때문에, 담임선생님이 얼마나 적절하게 조율을 잘 하느냐가 가장 중요한 문제라고 할 수 있어요.

"저, 선생님…….."

장미는 여전히 작고 자신 없는 소리로 선생님을 불렀어요.

"저, 선생님께서 곡을 선정해 주셨으면 좋겠어요……."

떨리는 목소리였지만, 꼭 하고 싶은 말을 했어요.

"선생님께서 도와주시면 장미는 진짜 잘할 거예요."

영지가 장미의 말에 힘을 실어 주었어요. 장미의 얼굴에 작은 미소가 떠올랐지요.

"아, 맞다! 선생님이 깜박했다! 노래 찾다가 세 가지 정도 골라 봤어. 동요랑 가요 중에서도 많은 사람들이 장미 노래를 들으면 공감할 수 있고 가슴이 따뜻해질 만한 노래로!"

장미와 영지는 곡명이 적힌 선생님의 다이어리를 보았어요. 선생님은 고민을 많이 하셨는지 열 개도 넘는 노래 제목을 적어 놓고, 펜으로 지운 흔적이 남아 있었어요.

"난 이 곡이 제일 마음에 드는데, 너희는 어떠니?"

"그대 내게 행복을 주는 사람."

장미와 영지는 동시에 제목을 읽었어요. 두 사람은 누가 먼저랄 것도 없이 서로를 마주 보고 환하게 웃었어요.

엄마와 함께 엄마의 나라를 배워요

 회의가 시작되기도 전에 시끌시끌했어요. 반 친구들을 팀별로 나누는 일 때문이에요. 아이들은 친한 친구와 팀이 되지 않으면 하고 싶지 않다는 등 불평도 많았어요. 아이들이 시끄러워지자 선생님은 결의에 찬 표정으로 책상을 세게 치며 말했어요.
 "너희들의 의견을 다 반영할 수 있으면 좋겠지만 그건 불가능한 일인 거 알죠? 이번 축제는 세계 여러 나라를 경험해 보고 우리 모두가 이웃이고, 친구라는 것을 느끼는 축제입니다. 그런데 모두 같은 나라 사람이고 사람 수도 그렇게 많지 않은데 이렇게 서로 자신의 의견만 주장하면 어떻게 되겠어요?"
 "우리 반에 외국 사람 한 명 있는데요!"
 누군가 말했어요. 장미는 그 외국 사람이 자신을 가리킨다는 것을 너무

나 분명히 알아들었어요. 그러자 선생님이 힘찬 목소리로 말했어요.

"우리 반 친구들은 모두 한국 국적을 가진 한국 사람이에요. 좀 더 다른 사람을 이해하고 배려하는 말과 행동을 했으면 좋겠네요. 자, 팀은 뽑기로 정할 거예요! 한 명도 빠짐없이 전원이 참여할 수 있는 활동들로 준비해 주세요!"

결국 팀원을 나누는 것은 뽑기로 결정했어요. 일 번에서 이십팔 번까지 숫자가 적힌 종이를 하나씩 뽑아서 번호 순서대로 일곱 명씩 네 팀을 이루는 것이었어요. 아이들은 한 명씩 나가 종이를 뽑았어요. 이미 뽑기를 한 친구들은 결과에 탄성을 지르기도 하고, 짜증을 내기도 했지요. 지금 막 종이를 집은 아이는 종이를 단번에 펴서 보지 못하고, 천천히 열어 보더니 안도의 한숨을 쉬었어요.

여자 아이들은 뽑기 전에 종이를 섞으면서 신경을 곤두세웠어요. 하지만 남자 아이들은 아무거나 그냥 뽑았지요. 곧 장미의 차례가 됐어요.

'영지랑, 아니면 키 큰 친구랑? 둘 다 되면 좋겠다. 아참, 지민이도 있지?'

장미는 스스로 놀랐어요. 요새 자신의 일에만 집중하느라 지민이를 잊고 있었던 거예요. 지민이가 빠졌으니 쪽지는 스물일곱 장이었어요. 그럼 한 팀은 일단 여섯 명이 되겠네요.

'지민이는 언제 오는 걸까?'

지민이가 학교에 안 나온 지 벌써 열흘도 넘은 것 같았어요.

"손장미! 네 차례야!"

회장의 말에 장미는 정신이 퍼뜩 들었어요. 눈을 감고 상자에 손을 넣어 쪽지를 하나 잡았어요. 아까 그 친구처럼 장미도 천천히 종이를 폈어요. 12번이에요. 이번에는 옆에 앉은 키 큰 아이 차례였어요. 그 친구는 관심도 없다는 듯 대충 종이를 하나 뽑더니 펼쳐 보고 책상 위에 올려놓았어요. 장미는 곁눈으로 번호를 확인했어요. 10번이었어요. 같은 팀이 된 거예요.

'영지만 같은 팀이 된다면!'

장미는 눈을 감고 영지의 번호가 불리는 것을 들었어요. 11번! 어쩌면 셋이 나란히 번호가 붙어 있다니, 기적이 일어난 것만 같았지요. 영지가 뒤를 돌아 장미를 보았어요. 이번에는 영지를 향해 장미가 활짝 웃어 주었어요.

곧 수업이 끝나면, 영지와 함께 노래 연습을 할 수 있어요. 장미는 아직도 영지에게 하고 싶은 이야기가 많았지만 그래도 다시 영지와 무엇인가를 할 수 있다는 사실이 기뻤어요. 장미는 영지도 자신과 같은 마음이기를 간절히 바랐어요.

"장미야, 우리 음악실 가자!"

장미는 영지 옆에 섰어요. 아직은 어색한 기운이 감돌았어요. 영지는 장미에게 자신의 잘못을 사과하고 싶었어요. 그동안 자신도 마음이 편하지 않았다고 꼭 말해 주고 싶었지만 아직은 용기가 나지 않았어요.

장미는 오랜만에 다른 사람 눈치를 보지 않고 실컷 노래를 불렀어요. 처음 몇 번은 영지의 반주와 잘 맞지 않았지만 몇 번 연습하니까 금세 잘 맞았지요. 영지는 언제 연습을 한 것인지 악보는 아주 가끔씩만 보고 피아노를 쳤어요. 기분 좋은 날의 연속이었어요. 장미는 요즘만 같았으면 좋겠다고 생각했어요. 아쉽게도 내일은 주말이니까 노래 연습을 못 하지만 이번 주말에야말로 마음 편하게 늦잠도 자고, 모아 놓은 돈으로 틴트도 사러 가고 싶었어요.

"다녀왔습니다!"

"내 새끼 왔네."

된장 냄새가 났어요. 그래도 청국장보다는 나았어요. 할머니가 크림 빵 하나를 내밀었어요.

"경로당 갔다가 저기 정육점 집 할매가 주는 걸 우리 손녀 주려고 안 먹고 가지고 왔다."

"와, 할머니 짱!"

"그래, 짱이다! 우리 장미가 좋으니 할미도 좋다. 그리고 아빠도 오래 일할 수 있는 곳에 취직했단다. 잘 됐지? 지방이라서 자주는 못 오지만 그게 어디냐?"

"정말요? 그럼 저 예쁜 옷도 사고, 놀이동산도 갈 수 있어요?"

"그럼."

"엄마는요? 엄마도 알아요?"

"네 에미도 곧 들어올 거다. 내가 네 애비 취직했다는 소리 듣자마자 일 그만두라고 했다! 어여 손 씻고 와서 밥 먹자."

정말로 엄마는 저번처럼 일찍 들어왔어요. 할머니와 오늘도 크게 다투지 않고 밥을 먹었어요. 설거지를 마친 엄마에게 할머니는 대뜸 물었어요. 장미는 또 할머니와 엄마가 싸우면 어떻게 하나 걱정됐지요.

"너, 일은 그만뒀냐?"

"거기는 이제 안 가요. 대신 마트 가요."

"뭐? 이제 애비가 버는데 뭐 하러 여자가 밖으로 싸돌아 다니냐?"

"어머니, 나도 조금이라도 벌어서 장미 잘 키울 거야. 늦게 안 끝나. 두 시면 끝나. 장미 오면 집에서 기다릴 거야. 주말에는 장미랑 놀러도 갈 거야."

"알았다! 대신 늦게 다니거나 저번처럼 술 마시면 알아서 해라! 그 말버릇은 언제 고치려는지……"

할머니는 혀를 쯧쯧 찼어요. 다행히 엄마가 저번처럼 할머니에게 대들지 않았어요. 장미는 안도의 한숨을 쉬었어요. 장미는 밥을 조금만 먹고, 할머니가 주신 빵을 먹었어요. 엄마가 장미의 방으로 들어왔어요. 엄마의 손에는 주스가 든 컵이 있었지요. 주스까지 마시자 배가 빵빵해졌어요. 엄마는 장미가 먹는 모습을 흐뭇하게 바라봤어요. 엄마는 컵을 책상에 내려놓고 다른 손에 들고 있던 공책 같은 것을 장미에게 보였어요.

"이거 뭐야?"

엄마가 보여 준 노트에는 삐뚤거리는 글씨가 빼곡했어요.

"엄마 한글 공부해?"

"응, 어학당 다시 다닐 거야. 장미가 그랬잖아. 엄마 한국말도 못 한다고. 그러니까 공부할 거야."

장미는 엄마에게 미안한 마음이 들었지만 선뜻 미안하다는 말이 나오지 않았어요. 대신 엉뚱한 말을 했어요. 미안한 마음을 숨기고 싶었거든요.

"엄마도 거기서 친구 생기면 좋겠다!"

"엄마 친구 있어!"

"정말?"

"응, 내일 친구 만나러 가. 장미도 같이 가?"

엄마의 제안에 놀랐지만 아직 엄마와 같이 밖에 돌아다니기는 싫었어요. 학교 친구라도 만날까 봐 두려웠거든요. 다시 소문에 휘말리는 것도 싫었고요.

"엄마 월급 탔어. 장미 옷도 살 거야."

엄마의 말에 장미는 망설였어요. 장미에게 옷은 너무나 큰 유혹이었죠. 언제 쇼핑을 나갔는지 기억이 가물가물했어요. 기껏해야 할머니가 시장에서 사다 주던 티셔츠나 할머니가 얻어다 준 헌 옷뿐이었어요.

"엄마가 그냥 사다 주면 안 돼?"

"응……."

엄마는 장미의 말에 힘없이 대답했어요.

그날 이후 엄마는 정말 장미가 학교에 다녀오면 집에 있었어요. 그리고 어느 날부터인가는 할머니와 앉아서 인형 눈을 붙이는 부업도 했어요. 할머니와 엄마는 말없이 눈만 붙였지만 가끔 엄마가 할머니의 구부러진 등을 두드려 주기도 했지요.

장미도 영지와 함께 날마다 노래 연습을 했어요. 아직 긴 얘기는 하지 못했지만 이제는 짧은 몇 마디씩은 주고받았어요. 신기한 일이었어요. 사람의 마음은 참 변덕쟁이 같아요.

선생님이 시청에서 다문화 축제가 열린다고 알려주셨어요. 각 팀원들은 그곳에 가서 구경도 하고, 조사도 하라고 숙제를 내 주셨죠. 장미는 토요일 두 시에 시청역에서 팀원들을 만나기로 했어요.

"내 새끼 길 잃어버리면 어떡하냐? 할미가 같이 가 줄게!"

할머니는 장미를 혼자 보내는 것이 불안하다며 데려다주신다고 했지만 장미는 혼자 가겠다고 우겼어요. 다른 친구들 누구도 할머니의 손을 잡고 오지는 않을 것 같았거든요. 장미는 몇 번이나 갈아타는 곳을 외웠어요. 혹시 지하철을 잘못 탈까 봐 집에서 일찍 나선 장미는 약속 시간보다 이십 분이나 일찍 도착했어요.

영지가 왔어요. 담아 둔 얘기는 많았지만 여전히 둘은 짧은 대화만 나눴어요. 두 시 오 분에 한 친구가 오고, 시간은 자꾸 가는데 키 큰 친구가 오지 않았어요.

"야, 그냥 가자! 소라는 오늘 못 오나 봐."

영지는 그 친구 이름이 소라라는 것을 알았어요. 반 아이들은 그 아이를 늘 '꺽다리'라고 불렀어요. 교실에서는 늘 있는 듯 없는 듯했기 때문에 특별히 선생님이 이름을 부르는 경우도 드물었죠.

'소라구나!'

장미는 속으로 소라라는 이름을 불러 보았어요. 새삼 자신이 얼마나 친구들에게 관심이 없었는지 깨달았죠.

"야, 그냥 가자! 벌써 삼십 분이나 지났어!"

밖으로 나가자, 시청 커다란 광장에 수십 개의 천막이 서 있었어요. 사람도 엄청 많았죠. 제일 먼저 맛있는 음식 냄새가 아이들의 코를 자극했어요. 중앙에는 무대가 있었는데 그곳에서는 처음 보는 악기로 아름다운 곡을 연주하고 있었어요. 전통 의상을 입은 사람들이 전통 악기를 들고 자신들의 차례를 기다리고 있었죠.

"야, 되게 많다. 이거 다 보려면 시간 좀 걸리겠다!"
"그러네, 먹을 거 냄새 나니까 배고프다."
"우리 배고픈데 뭐 하나씩 사 먹으면서 돌아다니면 안 될까?"
"그래, 그러자!"
팀원들은 저마다 한 마디씩 했어요. 친구들과 함께 먹을 것을 먹으며 구경하는 일은 참 즐거웠어요.
아이들은 '몽골'을 알리는 천막에서 제일 오래 머물렀어요. 참고 자료가 될 만한 것은 모두 휴대폰으로 사진도 찍었어요. 빨간색 전통 의상을 입은 언니는 구슬이 많이 달린 모자 같기도 하고 왕관 같기도 한 것을 쓰고 있었어요. 동화에 나오는 공주님이 입는 드레스는 아니었지만 모든 옷이 굉장히 화려했어요.
그 옆은 베트남이었어요. 장미는 그곳을 빨리 지나가고

싶었어요. 그런데 한 친구가 고깔 모양의 모자를 써 보는 것이었어요. 팀 아이들 모두 멈춰 설 수밖에 없었어요. 한쪽에서는 만두처럼 생긴 음식을 굽고 있었어요. 장미는 침을 꿀꺽 삼키려다 말고 깜짝 놀라 온몸이 굳었어요.

'엄마잖아!'

장미의 엄마가 그곳에서 '고이 꾸온'이라고 외치며 그것을 굽고 있었어요. 아직 엄마는 장미를 보지 못한 것 같았어요. 장미는 얼른 뒤를 돌아 친구들 뒤에 숨었어요. 뒷걸음을 치다가 장미는 뒤에 서 있던 사람과 부딪혀 넘어지고 말았어요. 고개를 드는 순간 장미의 눈은 엄마의 눈과 딱 마주쳤어요. 장미는 아픈 줄도 모르고 얼른 일어나 막 달렸어요.

우리나라 다문화 출신 국가들에 대해 알아봐요 ❸

필리핀

필리핀은 7107개의 크고 작은 섬들로 이루어진 나라로, 보라카이, 세부같이 아름다운 섬이 많아서 외국인 관광객이 많이 찾는 나라예요. 서구 국가에 오랜 기간 동안 식민 통치를 받아 왔기 때문에, 동양과 서양이 뒤섞인 복합적이고 독특한 문화를 이루었어요. 또한 아시아에서는 드물게 그리스도교 국가예요. 필리핀 사람들은 필리핀어(타갈로그어)와 영어를 함께 사용한답니다.

달라도 괜찮아 더불어 사는 다문화 사회

보라카이

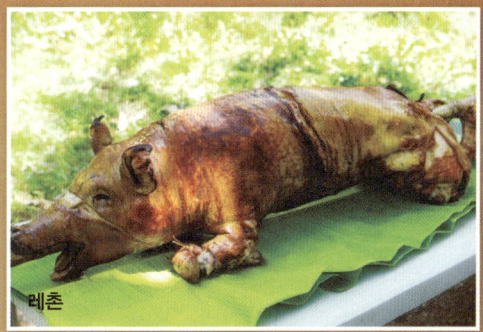
레촌

필리핀에서 가장 유명한 동물로는 주먹만큼 작은 귀여운 안경원숭이를 들 수 있어요. 필리핀의 전통 의상은 얇고 투명한 천으로 만든 긴 소매의 셔츠인 바롱이에요. 바롱은 마닐라 삼으로 만든 마직물, 바나나 섬유인 쥬시, 파인애플의 섬유인 피나를 엮어서 만들었대요. 필리핀의 전통 음식은 레촌인데 우리나라 음식인 숯불 통구이와 비슷해요. 주로 돼지나 닭을 숯불로 굽는답니다.

안경원숭이

바롱 셔츠

다문화 가정, 자신 있게 말하고 싶어요

토론왕 되기!

한 나라가 하나의 민족으로 이루어진 것이 더 좋은 걸까?

국가나 지역에 여러 민족이 함께 있는 것을 다민족이라고 해요. 다민족은 이민이나 국제결혼, 정복, 전쟁에 의한 국경 변화 등에 의해 일어나지요. 인종도 다양한 민족이 있는 미국이나 캐나다 같은 국가가 있는 반면에 한국, 일본, 폴란드처럼 소수민족이 거의 없는 국가도 있어요. 어느 나라가 더 좋은지는 그 민족이 하나로 이루어져 있느냐 아니냐로 따질 수는 없어요. 민족과 인종이 다양하더라도 국적자들의 국민 정체성은 하나일 수 있거든요.

그 예로 우리나라는 '단일민족의식'과 '순혈/혼혈'이라는 구분법이 뿌리 깊게 박혀 있어요. 이로 인해 인종차별이 유발되기도 하여 국제연합 인종차별철폐위원회로부터 인종차별을 금지할 것을 권고받기도 했대요.

1991년, 중국계 화교나 베트남계 주민의 지위에 대한 지적을 받았을 때 우리나라 정부는 "대한민국은 단일민족국가로서, 인종차별은 없다"고 주장했대요. 2007년에 비슷한 지적이 나왔을 때도 "한국에 소수민족 차별은 거의 존재하지 않는다. 하지만 단일민족성으로 인해 자연적으로 발생한 '순혈'에 대한 한국인의 자부심이 '혼혈'에 대한 차별을 유발하고 있다"고 했어요. 하지만 우리나라가 일제

침략을 겪으며 단일한 민족 동일성을 구축했으며, 이 같은 정서와 민족주의는 다른 민족을 공격하는 수단이 아니라 제국주의 강대국을 물리치고 일제 강점기의 치욕스러운 과거를 되풀이하지 않기 위한 강력한 방어적 기제로 작용해 왔다고 주장했어요.

이에 대해 국제연합 인종차별철폐위원회는 "순혈과 혼혈이라는 구분은, 인종적 우열의식을 확산시킨다는 점에서 볼 때 재고해야 한다", "인종차별을 없애려고 노력하라"고 권고했어요. 이에 우리나라 정부는 의식적으로 '다문화 가정', '다문화 사회' 등 인종차별성을 완화시킨 언어 사용을 권장하고, 이주 노동자로 인한 외국인 비율의 급격한 증가라는 한국 사회의 현실적 측면에 맞추어 이를 받아들일 수 있는 국민의식 확립에 노력하고 있어요.

다문화 퀴즈

다문화 가정의 권리를 보호하기 위한 노력에 해당하는 것을 찾아 봐요.

① 다문화 가정의 구성원들에 대한 사회적 차별을 금지하는 법률을 제정한다.
② 취업 프로그램을 마련하고 상담 프로그램을 운영한다.
③ 우리 문화를 알려 주는 다양한 문화 행사를 지원한다.
④ 다문화에 대한 이해를 높이기 위해 학교에서 다문화 교육을 실시한다.
⑤ 다문화 가정의 자녀들을 위한 교육을 지원한다.

정답: ①, ②, ③, ④, ⑤

4장

한국에서
꿈을 꾸게 해 주세요

다문화 가정을 위한 프로그램이 많으면 좋겠어요

 사람들 사이를 헤치며 달리던 장미는 너무 숨이 차서 멈춰 섰어요. 얼마나 달린 것인지, 어디에 와 있는지도 모르겠어요. 커다란 도로가 사방으로 나 있었어요. 많은 사람들이 신호등 앞에서 초록불이 켜지기를 기다리고 있었지요. 어디에서 이렇게 많은 사람들이 쏟아져 나왔는지 사람들의 얼굴을 천천히 바라보며 장미는 숨을 골랐어요. 외국인도 두 명 있었죠. 관광객인지 배낭을 메고 지도를 보고 있었어요. 사람들 속의 그들은 자연스러워 보였어요.

 '저 사람들도 한국에 산다면 나처럼 괴로울까, 내가 그냥 한국에 여행 온 사람이라면 어땠을까?'

 그 사람들을 바라보는데 저절로 엄마의 얼굴이 떠올랐어요.

 '정말 엄마였을까? 내가 잘못 본 걸지도 몰라. 베트남 사람은 다 비슷비

숫하니까 다른 사람이었을지도 몰라.'

그렇게 생각하니까 정말 자신의 생각이 진짜일 것만 같았어요. 자신을 향해 고정되었던 커다란 눈은 그럼 누구의 눈이었을까요. 장미는 깜박이는 초록불을 보았어요. 사람들은 이미 횡단보도의 중앙을 건너고 있었죠. 장미는 그 모습을 지켜만 보았어요. 길을 앞에 두고도 갈 길을 잃은 사람처럼 선뜻 발이 떨어지지 않았지요. 장미는 이제 막 초록불이 들어온 왼쪽 횡단보도를 건너갔어요. 친구들이 있는 곳으로 돌아가야겠다는 마음도, 어느 곳으로 가야겠다는 생각도 없었어요. 그냥 발길 닿는 대로 걸었어요.

'너무 어두워졌네. 집에 가야겠다. 배도 고프고……'

주머니에 손을 넣어 보자, 천 원 한 장과 동전 몇 개뿐이었어요. 낮에 친구들과 간식을 사 먹었기 때문이었죠.

'집에 돌아가려면 차비도 있어야 하는데……'

둘러보아도 지하철역이 보이지 않았어요.

"지하철역이 어디에 있어요?"

"한 10분은 걸릴 텐데."

지나가던 아줌마에게 물었어요. 하지만 아줌마 말대로 10분 넘게 걸었는데도 지하철역이 나타나지 않았어요. 다시 한 번 길을 묻고 돌아서는데 눈물이 찔끔 났어요. 할머니도 엄마도 아빠도 생각이 났지요. 어렸을 때 함께 둘러앉아 밥을 먹던 때도 생각이 났어요. 무엇 때문이었는지 가족 모두 커다랗게 웃었던 것 같았어요.

　지하철에는 사람이 많았어요. 장미가 반에서 키가 큰 편이기는 하지만 그래도 초등학생이었어요. 우르르 사람들에 밀려 어느 쪽으로 가는 지하철인지도 모른 채 끌려 들어가고 말았지요. 숨이 콱콱 막혔어요. 몇 정거장이 지나자 한차례 많은 사람이 내렸어요. 그제야 숨 쉴 만했어요.

"몇 학년이야?"

"초등학교 4학년이요."

　지하철 노선표를 보고 있는데 할머니 한 분이 물었어요. 안쓰러운 표정을 지으시며 장미의 할머니처럼 혀를 찼어요.

"혼자니?"

"아니요. 엄마가 다음 정거장에서 기다려요."

　장미는 거짓말을 술술 했어요. 낯선 할머니의 안됐다는 표정이 너무나 싫었어요. 괜찮은 척, 행복한 아이여야만 할 것 같아 자신도 모르게 불쑥 말했어요. 어찌 됐건 다음 역에서는 무조건 내려야만 했어요. 장미는 문득 휴

대폰을 가지고 있다는 것이 생각났어요. 가방에서 휴대폰을 꺼내 전원을 켰어요. 영지와 엄마에게서 줄줄이 메시지가 와 있었어요.

장미야, 어디야?
왜 안 와?
저녁 먹으려고 기다리고 있어, 어디 있어? 엄마 걱정돼!

엄마는 아까 벌어졌던 일에 대해서는 아무런 말이 없었어요. 왜 그랬냐고 나무라지도 않았지요. 다른 엄마들처럼 자신을 걱정하는 엄마의 마음만 들어 있었어요. 장미는 울음을 터뜨렸어요. 지나가던 한 언니가 다가왔어요.
"왜 울고 있어? 엄마 없니?"
장미는 대답도 하지 못하고 더 서럽게 울었어요. 그 언니는 아무 말도 하지 않고 장미를 꼭 안아 주었어요.
"괜찮니?"
처음 보는 착한 언니는 장미에게 물었어요. 장미는 고개를 끄덕였어요.
"휴대폰 좀 봐도 될까?"
여전히 목소리가 나오지 않아 고개만 끄덕였어요. 언니는 장미의 휴대폰에서 엄마의 전화번호를 찾아 자신의 휴대폰으로 전화를 걸었어요.
"곧 엄마가 여기로 오신다니까 언니랑 일단 위로 나가자. 언니가 역무원에

게 데려다 줄게."

 장미는 그 언니를 따라갔어요. 언니는 역무원에게 사정을 이야기했고, 장미는 사무실 안쪽으로 안내되었어요.

 "이제 여기서 기다리면 엄마가 오실 거야. 언니는 그만 가 봐도 되겠지?"

 장미는 또 고개만 끄덕였어요. 언니는 장미의 머리를 쓰다듬어 주고 일어섰어요. 언니의 뒷모습이 보였어요. 문을 열고 나가면 이제 이 언니와는 작별이에요.

 "언니!"

 장미는 큰 소리로 불렀어요. 뒤를 돌아다보는 언니는 천사처럼 웃었어요.

"고맙습니다!"

평생 장미가 그렇게 큰 소리로 누군가에게 이야기를 한 것은 처음 있는 일이었어요. 언니는 더 환하게 웃었지요.

"목소리가 참 예쁘네. 고맙다고 인사해 줘서 고마워!"

언니는 그렇게 말하며 손을 몇 번 흔들고 갔어요. 몇 분이나 지났을까요. 언니가 나간 그 문으로 엄마가 들어왔어요. 엄마는 뛰어왔는지 가쁜 숨을 쉬고 있었고, 눈은 빨갰어요. 막상 엄마를 보니까 낮에 도망갔던 일도, 부끄러웠던 마음도 잊어버렸어요.

자신을 찾으러 온 엄마를 보자 서러움이 몰려왔어요. 다시 울음이 날 것만 같았지요. 장미는 벌떡 일어나서 엄마에게 가려다가 엄마가 저번처럼 화가 나서 엉덩이를 때리면 어떡하나 겁이 났어요. 그래서 엄마에게 가던 발걸음을 멈췄어요.

"어디 갔었어."

엄마는 장미를 안고 엉엉 울었어요. 장미가 울던 것보다 더 크게, 어린아이처럼 울었어요. 얼떨떨하게 있던 장미도 덩달아 같이 울고 말았어요. 낮에 일이 생각나서 엄마에게 미안해졌어요.

장미는 엄마 손을 잡고 걸었어요. 둘 다 눈이 퉁퉁 부었어요. 장미의 배에서 꼬르륵 소리가 났어요. 엄마는 장미를 데리고 어딘가로 향했어요. 무슨 시장 같았어요. 엄마가 누군가와 인사를 했어요. 할머니와 가던 시장과는 조금 달라 보였지요. 처음 보는 생선이나 물건도 있었어요. 가만 보니 모두 베트남 사람들이었어요. 물건을 파는 사람도 사는 사람도. 엄마는 한 포장마차 앞에서 걸음을 멈추었어요.

"씬 머이!"

장사를 하고 있던 아줌마가 엄마 쪽으로 왔어요. 둘은 부둥켜안고 인사를 했어요. 아줌마가 이번에는 장미를 안았어요. 엄마와 아줌마는 베트남어로 뭐라고, 뭐라고 이야기를 했어요.

"여기 앉아."

엄마는 장미를 안쪽 의자에 앉혔어요. 곧바로 뜨끈한 쌀국수가 나왔어요. 장미는 쌀국수를 좋아하지 않았어요. 청국장이나 쌀국수나 이상한 냄새가 나는 것은 마찬가지였거든요. 장미는 어쩔 수 없이 젓가락을 들었지만 배가 고픈데도 먹고 싶지 않았어요. 엄마는 자신의 쌀국수 그릇에 얹혀 있는 고기를 집어 장미의 그릇에 놓았어요.

"먹어, 맛있어. 냄새 안 나."

엄마의 말에 마지못해 국수 몇 가닥을 먹었어요. 그런데 엄마의 말대로 국수에서 향이 나지 않았어요. 한국 국수보다 더 맑고 맛있는 국물 맛이 났어요. 장미는 국수를 정신없이 먹었어요. 엄마는 고기를 장미가 좋아하는 소스에 묻혀 주었어요. 맛있게 한 그릇을 뚝딱 비웠어요. 장미의 입술에 묻은 소스를 엄마가 닦아 주었어요.

"아, 배부르다!"

"맛있어?"

"응."

그제야 장미는 엄마의 얼굴을 똑바로 봤어요. 퉁퉁 부은 눈이 보였어요. 엄마의 국수 그릇에는 면이 거의 그대로 남아 있었어요.

"엄마 왜 안 먹어?"

"엄마, 괜찮아. 장미 많이 먹었으니 배불러."

장사를 하는 아줌마가 뭐라고 말씀하셨어요.

"엄마 친구, 장미 예쁘대."

장미는 그 아줌마를 향해 인사했어요. 엄마가 친구가 있다고 하더니 바로 그분인가 봐요.

"엄마, 저 왔어요."

어린 남자 아이 하나가 와서 인사를 했어요. 장미보다 키가 더 크고 진한 눈썹이 인상적이었어요.

"장미야, 엄마 친구 아들이야. 인사해."

남자애는 장미에게 손을 내밀었어요. 장미도 얼떨결에 손을 내밀어 그 아이의 손을 잡았어요.

"난, 김재수야. 초등학교 6학년."

장미는 하마터면 웃을 뻔했어요. 재수라는 이름 때문이었어요.

"손장미 4학년……."

장미는 반말을 해야 할지, 경어를 써야 할지 몰라서 말끝을 흐렸어요. 재수는 재빨리 쌀국수 한 그릇을 비워 냈어요.

"아, 시원하다!"

재수의 말에 장미는 쿡 웃었어요. 할머니가 따뜻한 국물을 먹고 나면 늘 하시는 말씀과 똑같았거든요. 재수는 장미보다 두 살밖에 나이 차이가 안 나는데도 진짜 오빠 같았어요. 아는 것도 많았고, 장미가 술술 이야기를 할 만큼 사람을 편안하게 해 주는 능력도 있었어요. 장미는 낮에 있었던 이야기이며 친구들 이야기를 나누었어요.

"나 아는 형은 러시아에서 왔는데 어렸을 때 머리카락이 노랗다고 엄청 놀림을 받았대. 그래서 검은색으로 염색도 했는데 눈 색깔은 어떻게 할 수가 없었던 거지. 그래서 '에라 모르겠다. 놀릴 테면 놀려라!' 하고 포기했더니 오히려 그 다음부터는 놀리는 것도 줄어들고 좋은 친구도 사귈 수 있었대. 지금은 국제중학교에 다니고 있어서 더 자유롭고 좋다고 하더라고. 그 얘기를 들은 후에 나도 그 형처럼 포기하고 나니까 편하더라고. 물론 지금도 상처 입을 때가 있지만 말이야. 아직도 어떤 애들은 내가 지나가면 재수 없다고 큰 소리로 말하기도 해. 사실 우리 아빠는 나 재수 좋으라고 지어 준 이름인데……."

장미는 재수의 이야기를 들으면 충분히 공감할 수 있었어요. 자신의 이름도 아빠가 장미처럼 예쁘라고 지어 준 이름인데 오히려 친구들에게 놀림거리일 때가 있었으니까요. 장미는 재수의 이야기를 들으면서 자신도 그 외국 오빠처럼 좀 편해지면 좋겠다고 생각했어요. 그리고 좋은 친구들을 많이 사귀고 싶다고도 생각했죠.

 엄마와 돌아오는 길, 장미는 엄마가 잡은 손을 뿌리치지 않았어요. 오늘 본 엄마는 베트남 사람도, 한국 사람도 아닌 엄마일 뿐이었어요. 엄마에게 아직 미안하다는 말은 못했지만 다른 때보다 엄마와 조금은 가까워진 것 같았어요.

 장미에게는 또 다른 고민이 하나 생겼어요. 낮에 두고 온 친구들에게 무엇이라 설명을 해야 하는지, 자기 때문에 망쳐 버린 과제는 어떻게 해야 하는지 벌써부터 걱정이 됐어요. 영지가 자기에게 실망을 하고 다시 예전처럼 멀어지는 건 아닌지, 어떻게 해야 좋을지 몰랐지요. 장미는 복잡해진 마음을 잊어 보려고 따뜻한 엄마의 손을 꼭 잡았어요.

친구들이 있어서 행복해요

 장미는 어제 재수가 해 준 충고대로 친구들에게 사과하기로 결심하고 늦지 않도록 학교로 출발했어요. 마음과는 다르게 학교에 가까워질수록 걸

장미의 다문화 보고서
다문화 학생을 위한 정책 현황

우리나라 정부는 다문화 학생이 소중한 인재로 자랄 수 있도록 여러 부서에서 협력하여 다양한 자료와 지원을 하고 있어요.

부처	협력 내용 및 과제
국무총리실	· 부처별 **중복 사업 조정 및 효율화** 법무부에서 교과부·여가부에서 한국어 교육을 이수한 경우 국적 취득 시 면제 혜택을 부여할 수 있도록 개선
여성가족부	· 다문화 학부모 대상 **자녀 교육 정보 제공 강화** 현재 여가부 다누리 사이트에는 출산·육아 정보만 올라 있으므로 교과부가 자녀 교육 정보를 제공하고 여가부가 이를 안내 · 여가부 다문화 학부모 역량 계발 프로그램과 교과부 다문화 학부모 평생 교육 사업 간 연계 강화
법무부	· 중도 입국 자녀 등 다문화 학생의 조기 정착 지원 · 외국인 등록 및 국적 취득 시 입학 정보를 안내하고 다문화 전담 코디네이터에게 연결
행정안전부 (지자체)	· 공공 부문의 다문화 일자리 확대 · 지자체 외국인 주민 전담 부서와 교육청간 협조 강화
고용노동부	· 다문화 친화적 일자리 창출 · 다문화 청소년 및 성인 대상 직업 훈련 강화
문화체육관광부	· 다문화 가정 문화 체험 프로그램 강화 · KSL(다문화 학생을 위한 한국어 교육 과정) 교재 개발 및 교원의 KSL 지도 역량 강화, 교원의 KSL 자격증 취득 지원 등
외교통상부	· 재외 공관을 활용한 입국 전 교육 정보 안내

방송통신위원회	· 국민 인식 개선을 위한 다문화 친화적 방송 유도
	  지상파·케이블 방송에서의 다문화 친화적 콘텐츠 개발 지원
	  TV 커뮤니티 서비스를 통한 다문화 가정 자녀 교육 정보 제공

음은 느려지는 것이었어요. 친구들이 자신을 비난할까 봐, 어제 어떻게 된 일이냐고 따질까 봐 겁이 났어요.

'야, 너 어제 무슨 일로 그렇게 도망쳤어? 너 때문에 숙제도 제대로 못 하고 이게 뭐야! 네 몫까지 숙제하느라 우리가 얼마나 힘들었는지 알아?'

이런 말들이 머릿속을 헤집고 다녔어요. 장미는 자신을 걱정하는 영지에게조차 제대로 답장을 해 주지 못했어요. 영지의 메시지에 뭐라 답해야 할지 몰라서 고민을 하다 시간이 너무 늦어버렸거든요.

'아침에라도 미안하다고 메시지를 보낼 걸 그랬나? 지금은 보낼 수도 없고……'

자꾸 생각을 하니까 더 용기가 나지 않았어요.

'아냐, 미안하다고 하는 거야! 그럼 친구들도 사과하는 사람한테 뭐라 안 할 거야!'

장미는 자신에게 자꾸 말을 걸었어요. 장미는 교실 문 앞에서 심호흡을 한 번 크게 했어요.

"후, 준비!"

"야, 너 안 들어가고 뭐하냐?"

소라였어요. 토요일에 모임에 나오지 않아서 무슨 일이 있었나 걱정을 했는데 소라는 아무 일도 없어 보였어요.

"가자!"

소라가 장미의 등을 떠밀다시피 해서 얼떨결에 장미는 교실 안으로 발을 디뎠어요. 조용히 들어가려고 했던 장미의 계획은 소라 덕분에 오히려 주목을 받게 되었어요.

"야, 한소라! 너 토요일에 어떻게 된 거냐? 오지도 않고?"

"일이 좀 있었어."

"그럼 연락이라도 좀 하지."

"난 폰 안 키우잖아."

소라의 말에 팀원은 기가 막히다는 표정을 하고 돌아섰어요.

'어, 나한테는 왜 별 말이 없지?'

장미는 친구들의 원망을 들을 줄 알았는데 오히려 소라에게 관심이 쏟아져서 다행이라는 생각이 들면서도 좀 의아했어요.

"영지야!"

장미는 지나가는 영지를 불렀어요. 지금 부르지 않으면 영원히 영지를 놓쳐 버릴 것만 같았어요.

"오늘도 끝나고 노래 연습하는 거 잊지 마."

"어? 어, 엉."

영지는 뜻밖이었는지 띄엄띄엄 대답했어요. 영지는 그날 일에 대해서 아무것도 묻지 않았어요. 다른 친구들도 딱히 장미에게 뭐라 하는 친구가 없었어요.

"야, 손장미! 너랑 나랑 몽골 의상 입기로 했어. 선생님께서 빌려 놓으셨다고 하니까 네가 좀 받아올래?"

"그, 그래."

아무 일도 없었다는 듯 평소처럼 대하는 팀 아이들이 오히려 이상하게 느껴질 정도였어요.

"선생님이 수업 시작 전에 오라고 하셨어. 얼른 갔다 와!"

장미는 친구의 말을 듣고 교무실로 향했어요. 어쩌면 선생님이 이 비밀의 열쇠를 쥐고 있을지도 몰라요. 분명 도망치듯 뛰어가던 모습을 친구들도 봤는데, 어떻게 아무 말도 하지 않는지…….

'어쩌면 친구들은 정말 나한테 아무 관심이 없는 건지도 몰라.'

그런 생각을 하자 너무나 슬펐어요. 여태까지 자신에게 찾아왔던 행운이 한꺼번에 사라지는 기분이었어요.

'그래, 어쩐지 좋은 일만 생기는 것 같더니. 그건 한순간의 착각이었던 거야.'

자신에게 일어났던 좋은 일들

이 모두 떠올랐어요. 영지와 함께 노래 연습을 하고, 친구들과 맛있는 것도 사 먹고, 엄마와 오랜만에 즐거운 시간을 보냈던 일. 할머니 말처럼 좋은 일 뒤에 항상 마가 끼는 게 이런 게 아닌가 싶기도 했지요.

"장미야!"

장미는 자신을 부르는 선생님의 목소리에 정신이 퍼뜩 들었어요.

"무슨 생각을 그렇게 해?"

"아, 아니에요."

"아닌 것 같은데, 주말에 있었던 일 때문에 그러니? 엄마한테서 얘기는 들었어. 엄마 말씀으로는 즐거운 시간을 보낸 것 같던데 아니었니?"

"엄마랑은 괜찮았어요. 그런데 같이 갔던 아이들이……."

"애들이 너한테 뭐라고 하든?"

"아니, 요. 너무 뭐라고 안 하니까, 그게, 그게……."

장미는 한국말을 잘 못하는 엄마처럼 말을 더듬었어요. 선생님은 장미의 손을 꼭 쥐었어요.

"걱정 마, 친구들은 너희 엄마에게 급한 연락이 왔다고 선생님이 연락해 두었으니까."

선생님은 장미에게 윙크를 보냈어요. 장미는 선생님께서 주신 몽골 의상이 든 봉투를 들고 나왔어요. 선생님은 그날 일어났던 일을 모두 알고 계셨어요. 엄마와 선생님은 장미가 생각했던 것보다 자주 연락을 하고 있었고,

엄마는 자신에 대해 선생님께 상담을 하곤 했나 봐요.

"장미야, 엄마는 너를 깊이 사랑하고 이해하려고 노력하고 계셔."

선생님의 목소리가 떠올랐어요.

"장미야, 친구들이 간혹 너에게 상처 주는 말을 하고, 정말 상처를 주는 친구들이 있는 건 사실이야. 그런데 장미 너를 좋아하는 친구도 있고, 네가 생각하는 것보다 사람들은 자신들이 한 말이나 행동을 쉽게 잊어버리기도 해. 왜냐하면 사람들은 다른 사람보다 자신에게 더 관심이 많거든. 아마 그날 너랑 같이 갔던 친구들도 순간 황당했을지 몰라도 시간이 지나면서 잊어버렸을 거야. 그러니까 너무 걱정 마."

장미는 미처 생각하지 못했던 부분이었어요. 모두가 자신을 미워하고 싫어한다고 생각했는데, 자신을 자꾸 다르다고 말하는 것 같았는데. 선생님의 말처럼 시간이 빨리 흐르는 날이었어요. 장미의 걱정스런 마음도 옅어지고, 수업도 무엇을 했는지도 모르게 끝나 버렸으니까요. 장미는 서둘러 음악실에 갔어요. 곧 영지가 올 거예요. 장미는 마음속으로 생각했어요.

'오늘은 영지에게 제대로 사과하고, 지난 일에 대해 물어보자! 얘기해 보자!'

장미는 그런 생각을 하며 반주 없이 노래를 불렀어요.

내가 가는 길이 험하고 멀지라도 함께 간다면 좋겠네.

우리 가는 길에 아침햇살 비치면 행복하다고 말해 주겠네.

이리저리 둘러봐도 제일 좋은 건 그대와 함께 있는 것.

그대 내게 행복을 주는 사람.

영지가 들어오며 노래 후렴을 불렀어요. 장미는 노래를 멈추지 않고 영지와 함께 노래를 했어요. 말하지 않아도 영지가 자신에게 화가 나지 않았다는 것을 알 수 있었답니다.

"영지야, 토요일에 제대로 말도 하지 않고 사라져서 미안해. 걱정했을 텐데 연락 못 한 것도 미안하고……."

"나도 미안해. 사실 먼저 잘못한 건 나잖아. 내가 다른 친구한테 네 엄마 얘기를 해서 너를 힘들게 했잖아. 그러려고 그런 게 아니었는데……용기가 없어서 사과를 못했어. 너한테 쭉 미안하다는 말을 하고 싶었어. 사실 나 3학년 때에도 똑같은 실수를 하는 바람에 그 친구에게 절교당했어. 내가 또 그 친구의 비밀을 다른 친구에게 말했거든. 난 무서웠던 것 같아. 친구들을

잃을까 봐. 그래서 친구들에게 친구의 소중한 비밀을 얘기하면 계속 친한 친구로 남아 있을 줄 알았던 것 같아. 그래서 잘못된 걸 바로잡고 싶었어. 내가 처음에 잘못했던 사람은 바로 너니까. 토요일에도 사실 화가 났어. 걱정돼서 연락했는데 네가 연락이 없으니까…… 선생님께 네 사정을 듣고 나니까 마음이 조금 풀리긴 했지만 먼저 말 걸고 싶지는 않았어. 그런데 이번에는 네가 먼저 말을 걸어 줘서……."

장미는 영지의 말을 듣는데 자꾸 눈물이 났어요. 우는 장미를 보니까 영지도 눈물이 났어요. 둘은 그 자리에 서서 오래도록 울었답니다.

오랜만에 영지와 걷는 하굣길이었어요. 보란 듯이 장미는 영지와 잡은 손을 흔들었어요. 영지는 사과의 의미로 컵볶이까지 샀어요.

"진짜 맛있다!"

영지가 말했어요.

"엉! 나도 너랑 멀어지고 정말 힘들었어. 부모님과 얘기를 하고 나서 내가 얼마나 큰 실수를 저질렀는지 알게 됐어. 그런데 용기가 안 생기더라고. 그땐 내가 어렸던 거지."

"뭐야, 정말 언니처럼 얘기하네."

"그럼, 먼저 용기를 냈으니까 당연히 내가 언니지."

영지는 머리카락을 등 뒤로 넘기면서 말했어요. 영지의 모습에 장미는 웃음이 났어요. 둘은 한바탕 크게 웃었지요.

장미의 다문화 보고서
새터민도 다문화 가정이에요

북한을 탈출한 주민들을 예전에는 탈북자라고 불렀어요. 그러나 2005년부터 '새로운 터전에서 삶을 시작하는 사람'이라는 순우리말로 새터민이라는 말을 사용해요. 새터민이란 말은 탈북자에 대한 부정적인 이미지를 없애고 긍정적이고 미래지향적인 이미지를 높이기 위해 선정되었어요.

통일부에서도 공식적인 용어로 법률 용어인 '북한이탈주민'을 사용하지만, 비공식적으로는 '새터민'이란 말을 사용하면서 장기적으로 이 용어가 자연스럽게 정착될 수 있도록 노력하고 있어요. 용어뿐 아니라 초기정착금 지급 제도, 취업지원제도, 교육지원제도, 사회보장지원제도, 거주지보호제도 등 다각적으로 새터민 정착 지원 제도를 지원하고 있어요.

새싹 축제 준비도 순조롭게 진행되었어요. 장미네 반 친구들도 처음에는 말이 많았지만 막상 시작되고 나서부터는 모두 재미를 느끼는 듯했어요. 물론 중간 중간 불협화음이 없는 것은 아니었지만요. 반 친구들의 모습은 음악과 같았어요. 처음에는 잘 맞지 않는 화음 때문에 누구 목소리가 너무 튄다거나 이상한 소리가 났지만 점차 시간이 지나고 연습을 하다 보면 아름다운 소리를 냈어요. 모르는 것을 알아가는 일은 처음에는 힘든 일이지만 그 시간을 거쳐 조금씩 알게 되면 그 기쁨은 더 커지는 것 같았어요. 장미와 영지의 화음과 마음도 점점 아름다운 소리를 냈어요.

한국을 세계로 이어줄 인재입니다

"영지야! 영지야! 됐어! 나 됐어!"

장미는 교실 문을 열자마자 소리쳤어요. 어서 빨리 영지에게 이 기쁜 소식을 전하고 싶은 마음에 다른 아이들을 생각하고 신경 쓸 겨를도 없었어요. 아이들의 눈이 모두 장미에게 쏠렸어요. 장미는 얼굴이 화끈거렸어요. 영지의 자리는 비어 있었어요.

"장미야!"

문 뒤쪽에서 영지의 목소리가 들렸어요.

"무슨 일이야! 왜 거기 서 있어?"

아이들은 다시 자신들의 세계에 돌아갔어요. 왁자지껄한 소리가 일렁였어요.

"영지야!"

장미는 말을 잇지 못하고 영지를 껴안았어요.

"고마워! 영지야! 나 합격이야!"

"정말? 정말이지? 축하해! 잘 됐다!!"

장미와 영지는 수업 종소리가 들리고 나서야 자신의 자리에 앉았어요. 장미가 자리에 앉자 옆에 앉은 소라가 무심한 듯 말했어요.

"축하한다!"

"고마워. 그런데 뭣 때문에 축하하는지 알아?"

"내가 바보냐? 너 합창단인가 뭔가 들어간 거잖아?"

"어떻게 알았어?"

"그럼 날마다 남아서 음악실 가는데 그것도 모르겠냐. 나 참."

"소라야! 고마워!"

처음으로 장미는 소라의 이름을 불러 봤어요. 장미는 소라의 말에 은근 놀랐어요. 아무도 자신에게 관심이 없을 거라고 생각했는데 오히려 그것이 자신의 착각이었어요. 다른 사람에게 관심이 없는 것처럼 보이던 소라였는데, 사람의 마음은 정말 보이지 않는 것인가 봐요.

장미는 문득 지민이가 생각났어요. 지민이의 자리는 여전히 빈 자리였어요. 지민이도 지민이를 생각하는 친구가 있다는 것을 기억하면 좋겠다는 생각이 들었어요.

'힘내 지민아! 빨리 학교에 와!'

선생님은 장미의 합창단원 합격 소식을 반 친구들에게 알렸어요. 선생님과 친구들 모두 박수를 쳐서 축하해 주었지요. 이런 일은 처음이었어요. 반 아이들 모두가 장미를 위해 박수를 쳐 주다니요. 이번에는 어느 누구도 '네가 꿈이 가수라고?' 하는 말 같은 건 하지 않았어요. 친구들에게 자신의 노래를 들려 줄 날도 곧 올 것이라는 기대도 생겼답니다.

집에서도 오랜만에 온 식구가 모여 외식을 했어요. 영지의 생일 파티 때 갔던 레스토랑이었어요. 아빠는 오늘따라 깔끔하게 이발도 하고, 장미가 보았던 옷 중 제일 좋은 옷을 입으셨어요. 할머니도 엄마도 가끔 입는 예쁜 외출복을 입으셨지요. 장미도 저번에 엄마가 사 준 원피스를 입었어요. 장미에게는 정말 특별한 날이었어요. 생일날에도 이 정도는 아니었는데, 오늘은 꼭 일기에 있었던 일을 자세하게 적고 싶었어요.

장미는 지난 번 일이 생각나서 아빠에게 미안해졌어요. 하지만 여전히 용기가 나지 않았어요. 영지가 자신에게 사과하기까지 오랜 시간이 걸렸던 것처럼 자신의 잘못을 인정하고 다른 사람에게 용서를 구하는 일은 어려운 것 같았어요. 장미는 괜히 딴청을 부렸어요.

"아빠! 이제 안 바빠요?"

"아니, 내일은 다시 지방으로 내려가야 돼. 우리 장미 축하할 일이 생겼는데 가족 모두가 축하해 줘야지."

"그럼 내 새끼가 유명한 가수가 됐는데!"

한국에서 꿈을 꾸게 해 주세요

"할머니는, 아직 가수는 아니에요."

"왜 아니야, 합창단원인가 그런 게 아무나 되는 것인가 뭐. 정육점 할매한테 자랑했더니 그 할매도 그러더고만. 나중에 큰 노래 자랑 나가서 상 받겠다고."

온 가족이 할머니의 말에 웃었어요.

"왜 웃고들 그랴? 내 말이 어디 틀렸는가?"

할머니도 이렇게 말씀을 하시면서도 싱글벙글이셨어요.

장미는 즐거운 시간을 보내고 집에 돌아와서 일기를 썼어요. 그리고 재수에게 메시지를 보냈어요. 무슨 일이 있을 때마다 재수에게 얼마나 큰 도움을 받았는지 몰라요. 장미는 재수가 친오빠처럼 좋았어요. 재수도 장미의 합창단원 오디션 합격을 축하해 주었어요.

"오빠는 꿈이 뭐야?"

"나는 외교관이 되는 거야."

"외교관?"

"응, 다른 나라에 가서 우리나라 정책을 소개하고, 그 나라에 살고 있는 우리나라 사람들의 고충이나 문제를 해결하기 위한 노력을 하는 사람이지."

"와, 멋지다!"

"네 꿈도 멋져! 너도 노래를 통해 사람들에게 기쁨을 주고 싶은 거 아냐?"

"맞아. 노래는 사람을 감동시키니까."

"제법 어른스러운데?"

"나도 이제 조금 성장했다고!"

"알았어, 난 내가 다문화 가정에서 자라서 힘든 일도 있었지만 그렇기 때문에 다른 사람들이 겪지 않을 것들을 겪어 봤고, 다른 사람이 보지 못하는 것들을 보았다고 생각해. 게다가 베트남어까지 할 수 있잖아? 영어도 곧잘 하고. 오히려 나에게 장점이라고 생각하기로 마음먹으니까 장점이 되더라고. 세계에 나가서 한국 사람으로서 세계와 우리나라를 연결해 주는 다리가 될 거야!"

"와, 오빠 쫌 멋있는 듯!"

장미는 재수에게 엄지손가락이 들린 이모티콘을 보냈어요.

오늘은 왠지 쉽게 잠이 올 것 같지 않았어요. 예전에는 너무나 마음이 아파서, 외로워서 잠을 잘 수 없었는데 오늘은 떨려서 잠이 오지 않았어요. 내일은 처음으로 장미가 합창단원으로서 큰 무대에 서는 날이기 때문이에요. 부모님, 학교 선생님과 친구들이 구경을 오기로 했어요.

그동안 장미의 마음에는 조금씩 변화가 일어났어요. 합창 연습을 하며 만난 다문화 가정 친구들을 통해 위로도 받고, 희망도 보았어요. 엄마 아빠의 국적이 다르고, 생김새가 다르고, 피부색이 달라도 모두 한국 사람이었어요.

"너희는 나중에 백조가 될 거야."

지휘자 선생님은 늘 말씀하셨어요. 선생님의 말씀처럼 장미도 이제는 백조가 되어 날아오를 꿈을 꾸어요.

'가수가 돼서 할머니, 엄마, 아빠도 호강시켜 드리고 나처럼 어려움을 겪는 친구들에게 꿈과 희망을 줄 거야!'

노래 연습이 끝나면 친구들은 김치찌개나 된장찌개를 먹으러 갔어요. 이제 장미도 두 음식 모두 잘 먹게 되었어요. 먹는 것을 보아도, 어른들을 향해 예의 바르게 인사를 하는 모습을 보아도 분명 한국인인 한국 친구들이에요.

노래를 부르다 보면 슬픈 일도 힘든 일도 잊게 돼요. 친구들이 했던 아픈 말들도, 화나던 일도 생각나지 않았어요. 노래가 마음을 부드럽게 해 줬어요. 그리고 이제 장미 옆에는 소중한 친구들과 가족이 있지요.

한 가지 좋은 소식이 들려왔어요. 지민이 아버지가 이웃들의 도움을 받아 수술을 했는데 회복 중에 있다고 해요. 지민이는 두 달이 넘어서야 학교에 다시 나왔어요. 여전히 소라는 장미에게도 다른 친구들에게도 무관심한 척했어요. 하지만 사실 소라가 친구들과 친하게 지내고 싶어 한다는 것을 장미는 알게 되었어요.

레인보우 합창단의 발표날이에요. 각국의 의상을 입은 알록달록 무지개 빛깔의 아이들이 무대 위에 섰어요. '도라지 타령', '아리랑'을 부르고, 초청된 가수와 듀엣을 부르기도 했어요. 각기 다른 목소리가 하나가 되어 울려 퍼졌어요.

노래를 듣는 사람들의 얼굴은 모두 행복해 보였어요. 어떤 사람은 두 손을 모으고 조용히 노래를 따라 불렀어요. 간절히 기도하는 사람처럼 소망을 담아 노래를 부르는 것 같았지요. 앞 소절의 솔로는 장미였어요.

"혼자선 이룰 수 없죠. 세상 무엇도.
마주 잡은 두 손으로 사랑을 키워요.
함께 있기에 아름다운 안개꽃처럼
서로를 곱게 감싸줘요. 모두 여기 모여.
작은 가슴 가슴마다 고운 사랑 모아
우리 함께 만들어 가요 아름다운 세상."

장미의 독창이 끝나자 합창단원 모두가 후렴 부분을 불렀어요. 조화로운 화음은 사람들 마음속에 들어가 저절로 노래를 부르게 만들었어요. 관객 모두 함께 노래를 불렀어요. 각기 다른 목소리가 어우러져 하나의 노래가 되었어요. 다양한 사람들이 모여 사는 이 세상처럼, 참 아름다웠어요.

올란바토르★
몽골

우리나라 다문화 출신 국가들에 대해 알아봐요 ❹

몽골

몽골은 예로부터 유목 생활을 해서 말, 양, 소, 염소, 낙타 등 다섯 가지 가축을 매우 중요하게 여겼어요. 몽골은 지형에 따라 초원 지대, 산악 지대, 사막 지대, 호수 지대로 구분되며 자연 환경이 다양해요.

달라도 괜찮아 더불어 사는 다문화 사회

몽골의 전통 의상은 델이라고 부르는데 겨울의 추위를 막기 위해 소매가 긴 것이 특징이에요. 또한 부스라는 허리띠를 사용하는데 이것은 말을 타고 달릴 때 허리를 보호해 주기도 해요. 몽골에서는 주로 가축에서 얻은 재료로 음식을 만들어요. 염소젖이나 우유를 말려 만든 '아롤'과 야채, 고기 등을 밀가루 반죽에 싸서 튀겨 먹는 '호쇼르'도 유명하답니다. 몽골인들은 계절에 따라 이동을 하기 때문에 간편하게 지을 수 있는 게르에서 살았어요.

몽골의 수도는 올란바타르예요. 몽고의 역사에 가장 큰 업적을 남긴 영웅으로 '칭기즈 칸'을 들 수 있어요. 그리고 몽골에서 가장 큰 호수인 우브스 호수는 세계자연유산으로 지정되었답니다. 고비사막은 지금도 공룡 화석이 많이 발굴되는 곳으로 공룡의 무덤이라고도 불려요.

델

호쇼르

게르

우브스 호수

토론왕 되기!

외국인 혐오증의 원인과 해결책은 무엇일까?

외국인 혐오증은 다른 말로 제노포비아(Xenophobia)라고 하는데, 낯선 것 혹은 다른 것을 의미하는 그리스어인 제노(Xeno)와 혐오나 두려움을 의미하는 그리스어인 포비아(Phobia)의 합성어예요. 자신과 다른 것에 대하여 이유 없이 가지는 혐오감과 그것으로부터 과하게 느끼는 공포 상태를 의미해요.

우리나라 사람들의 외국인 혐오증은 단일민족이라는 자부심과 유교 사상이 뿌리 깊게 내린 정서적인 이유도 있겠지만, 대원군의 척화비를 비롯해 일제 강점기, 한반도의 미소 분할 점령, 6·25전쟁 등으로 이어지는 역사적 이유 때문일 가능성이 높아요.

또한 최근에는 '살인마 오원춘'과 중국산 짝퉁 밀수, 신원 미상의 가사도우미 등 뉴스를 통해 쉽게 접할 수 있는 외국인 범죄에 대한 공포와 외국인 노동자들로 인해 우리나라 사람들이 일자리를 뺏기고 있다는 생각 때문에 외국인 혐오증이 늘어나고 있어요.

그러나 엄밀히 따져 보면 2017년 전국 외국인 범죄율은 100명당 1.65명으로, 내국인 3.64명에 비해 절반에도 미치지 않았어요. 그리고 강력범죄를 저질러 언

차별에 반대하는 외국인 이주 노동자들의 시위 모습

론에 소개되곤 하는 외국인은 일부 미등록외국인으로 대다수를 차지하는 등록외국인과는 차이가 있어요.

외국인은 등록외국인과 미등록외국인으로 분류되는데 등록외국인은 국내에 90일 이상 체류할 경우 의무적으로 등록된 외국인을 말해요. 미등록외국인은 정해진 체류 기간을 넘기거나 불법으로 입국한 외국인을 뜻하지요. 결국 외국인 중 대다수를 차지하는 등록외국인은 외국인 강력범죄와 큰 관련이 없다는 말이지요. 또한 이런 등록외국인들 대부분은 우리나라 사람들이 기피하는 3D 업종에 종사하고 있어요.

외국인 혐오증을 줄이기 위한 방법은 간단해요. 바로 그들과 직접 만나 보는 거예요. 외국인과의 접촉이 적을수록 두려움이나 편견이 강하게 나타나고, 접촉이 시작되면서 편견이 점차 사라지는 것을 확인할 수 있어요.

또 외국인 범죄를 다루는 우리나라 언론사들은 외국인 범죄를 선정적이고 자극적으로 보도하는 것을 자제하고, 몇몇 외국인의 범죄를 국내에 거주하는 외국인 전체의 문제로 일반화하는 일이 없어야 해요.

다문화 퀴즈

여러 나라의 전통 의상과 대표 음식을 맞혀 봐요

① 필리핀　　② 몽골　　③ 베트남　　④ 중국

ⓐ　　　　　ⓑ　　　　　ⓒ　　　　　ⓓ

㉠　　　　　㉡　　　　　㉢　㉣

㉮　　　　　㉯　　　　　㉰　　　　　㉱

정답
① ⓓ-㉡-㉰, ② ⓐ-㉢-㉯
③ ⓒ-㉠-㉱, ④ ⓑ-㉣-㉮

다문화 관련 사이트

다누리 www.liveinkorea.kr
여성가족부가 지원하여 한국건강가정진흥원에서 운영하는 다문화가정 지원 포털 사이트예요. 결혼 이민자 및 다문화가족을 위한 정보를 제공해요.

이주 배경 청소년지원재단(무지개 청소년센터) www.rainbowyouth.or.kr
다문화 가족 청소년들의 안정적인 한국 사회 정착과 적응을 위해 한국어 교육이나 정규 교육 과정으로의 편입학 지원, 진로 지도 등을 지원하고 있어요. 전국 초·중등학교에 전문 강사를 파견해 다문화 감수성을 증진하는 '다가감' 프로그램도 운영하고 있답니다.

안산시 외국인지원본부 global.ansan.go.kr
외국인 주민을 위한 다양한 행정 서비스를 지원하고, 시민과 외국인 주민이 더불어 잘 사는 환경을 만들어 가기 위해 안산시가 운영하고 있답니다.

(사)다문화종합복지센터 www.mgwc.or.kr
점차 증가하고 있는 다문화 가정들이 문화적, 사회적 차이를 극복하고 한국 사회에 조기 정착을 할 수 있도록 상담, 교육, 복지, 봉사 등을 지원하고 있어요.

건강가정지원센터 www.familynet.or.kr
다양한 가족 지원 정책의 제안과 실행을 위해 설립된 기관이에요. 다문화 가족을 비롯한 여러 가족들이 사회에 적응할 수 있도록 상담·교육하는 맞춤형 서비스를 제공하고 있어요.

 **어려운 용어를 파헤치자!**

국적 한 나라의 구성원으로서의 자격을 말해요. 사람은 국적에 의해 특정의 국가에 속하고 그 국가의 구성원이 돼요. 우리나라 국적을 가진 사람은 해외에 나가서도 우리나라 국민으로서의 의무와 권리를 가지고, 해외에서 어떠한 문제가 생겼을 때에도 우리나라의 보호를 받아요.

국제결혼 국적이 다른 남녀가 결혼하는 것을 말해요. 1990년대 이후 우리 사회는 국제결혼이 매년 증가했어요. 1990년대에 도시 처녀들이 농촌으로 시집가려고 하지 않자 지방자치단체에서 중국 조선족과 한족에서 농촌 총각의 신붓감을 찾았어요. 현재까지 경제적 빈곤을 벗어나려는 동북아시아 지역 처녀들과 신붓감을 찾기 어려운 도시 남성들의 국제결혼이 꾸준히 이루어지고 있지요.

다문화 사회 한 사회 속에 다른 인종이나 민족 등 여러 집단이 지닌 문화가 함께 존재하는 사회를 말해요. 우리나라는 결혼할 여성을 찾지 못한 총각들이 동남아시아 여성들과 결혼하면서, 외국과의 교류가 활발해져 외국인 유학생과 거주자들이 늘어나면서, 우리나라 사람들이 3D업종을 기피하면서 많은 동남아시아 사람들이 취직을 위해 우리나라로 건너오면서 다문화 사회로 들어섰어요.

이혼 결혼한 남녀가 살아 있는 동안 혼인 관계를 끝내는 일이에요.

인권 인간으로서 당연히 가지는 기본적인 권리예요. 사람이라면 누구나 다른 사람들이 참견하거나 해를 끼칠 수 없는 권리를 가지고 태어나요. 인권에는 자유로울 권리, 차별받지 않을 권리, 일할 권리 등이 포함되어 있어요.

인종 신체적인 특징을 기준으로 인간을 분류한 거예요. 인종은 대체로 얼굴 구조나 피부색, 신체적 특징 등으로 구분해요. 일반적으로 서로 다른 지역에 살아갈수록 인종의 차이도 크게 드러나죠. 따라서 인종이란 인류가 각기 다른 생활터전에 적응하면서 변화해 온 결과라고 볼 수 있어요.

정체성 변하지 않는 자신의 실체를 말해요. 정체성은 사물을 바라보는 방식, 판단의 기준, 바라는 이상, 행동 등에서 드러나요.

집시 유럽 등 전 세계에 흩어져 살고 있는 유랑민족으로 인도 북부에서 시작되었다고 생각되고 있어요. 검은 머리에 검은 눈, 황갈색 피부를 가진 민족으로, 일정한 거주지가 없이 항상 이동하면서 생활해요. 쾌활하고 음악에 뛰어난 재능을 가져 점쟁이, 가수 등의 일로 생계를 꾸려가요.

혼혈 서로 인종이 다른 혈통이 섞인 것을 말해요. 한국인과 아시아인 사이에서 태어난 아이를 코시안(Kosian)이라고 부르기도 해요. 한국인(Korean)과 아시아인(Asian)의 합성어죠. 또 아시아인만을 뜻하는 말을 대신하여 '온누리안(Onnurian)'이란 말을 쓰기도 해요. 온누리안은 우리말인 '온누리'와 '사람'을 뜻하는 영어의 접미사 '-안(-ian)'을 합성한 말로, 국제결혼 가정을 모두 포함하는 뜻을 가져요.

신나는 토론을 위한 맞춤 가이드

다문화에 대한 이야기를 재미있게 읽었나요? 이제 다문화에 관한 한 박사가 다 되었다고요? 그 전에 마지막 단계인 토론을 잊지 마세요. 토론을 잘하려면 올바른 지식과 다양한 정보가 바탕이 되어야 해요. 책을 다 읽고 친구 또는 엄마와 함께 신나게 토론해 봐요!

잠깐! 토론과 토의는 뭐가 다르지?

토론과 토의는 모두 어떤 문제를 해결하기 위해 의견을 나누는 일입니다. 하지만 주제와 형식이 조금씩 달라요. 토의는 여러 사람의 다양한 의견을 한데 모아 협동하는 일이, 토론은 논리적인 근거로 상대방을 설득하는 일이 중요합니다. 토의는 누군가를 설득하거나 이겨야 하는 것이 아니기 때문에 서로 협력해서 생각의 폭을 넓히고 좋은 결정을 내릴 때 필요해요. 반면 토론은 한 문제를 놓고 찬성과 반대로 나뉘어 서로 대립하는 과정을 거치지요.

넓은 의미에서 토론은 토의까지 포함하는 경우가 많습니다. 토론과 토의 모두 논리적으로 생각 체계를 세우고, 사고력과 창의성을 높이는 데 도움을 준답니다.

토론의 올바른 자세

말하는 사람
1. 자신의 말이 잘 전달되도록 또박또박 말해요.
2. 바닥이나 책상을 보지 말고 앞을 보고 말해요.
3. 상대방이 자신의 주장과 달라도 존중해 주어요.
4. 주어진 시간에만 말을 해요.
5. 할 말을 미리 간단히 적어 두면 좋아요.

듣는 사람
1. 상대방에게 집중하면서 어떤 말을 하는지 열심히 들어요.
2. 비스듬히 앉지 말고 단정한 자세를 해요.
3. 상대방이 말하는 중간에 끼어들지 않아요.
4. 다른 사람과 떠들거나 딴짓을 하지 않아요.
5. 상대방의 말을 적으며 자기 생각과 비교해 봐요.

# 체계적으로 생각하기

내가 좋아하는 음식은 어느 나라에서 처음 만들어졌을까?

우리 생활 속에는 이미 다른 나라에서 들어온 다양한 문화들이 자리 잡고 있어요. 우리가 평소 먹는 음식에서도 그것을 잘 알 수 있지요. 여러분이 좋아하는 음식은 무엇인가요? 아이스크림, 초콜릿, 피자, 햄버거, 자장면, 카레, 빵, 우동 등. 이 음식들이 우리나라 전통 음식이 아니란 건 모두 잘 알고 있겠죠? 여러분이 가장 좋아하는 음식이 무엇인지 적고, 그것은 어느 나라에서 처음 만들어졌는지 알아봐요.

인도 커리

일본 우동

영국 샌드위치

이탈리아 피자

논리적으로 생각하기 1

나는 100% 한국인일까?

혼혈과 순혈이란 말을 들어 본 적 있나요? 피가 섞였다는 것은 무슨 뜻이고, 순수한 혈통이란 무엇일까요? 다음 기사를 읽고 의견을 나눠 봅시다.

잦은 테러와 경제난을 이유로 반이민자 정책을 지지하는 목소리들! 그런데 덴마크의 한 여행사가 이런 추세를 뒤엎는 영상을 선보여 엄청난 호응을 얻고 있습니다. 이름하여 '렛츠 오픈 아워 월드' 프로젝트.

여행사 모모도는 67명의 다인종 다국적 사람들을 선별하여 흥미로운 실험을 실시합니다. DNA 검사를 통해 '나'의 뿌리를 찾아보는 겁니다. 대부분의 참가자들은 자신의 '국적 또는 자신의 출생국'에 자부심을 보였고, 정체성에 대해 강한 확신을 갖고 있었는데요. 싫어하는 특정 국가에 대해서도 서슴없이 말합니다.

'독일'을 싫어한다고 말하는 영국 토트넘 출신의 제이. 독일을 싫어하는 이유를 묻자, 윗세대가 겪은 전쟁 때문이라고 답합니다.

2주 후, DNA 분석 결과를 듣기 위해 실험 참가자들이 다시 모였는데요. 참가자들 대부분은 큰 충격에 휩싸이고 말았습니다.

"영국 30퍼센트…… 5퍼센트…… 독일."
"제가 아이리쉬라고요?"
"전 그럼 무슬림 유대인이네요."
"영국 11퍼센트…… 이게 진짜 제 것 맞아요?"

한 참가자는 이 세상 모두가 이 실험에 참가할 것을 제안합니다.
"제가 오버하는 것일 수도 있지만 이 실험은 모두에게 실시되어야 한다고 생각해요. (자신의 뿌리를 알게 된다면) 극단주의자들도 사라질 것이고 '순수 혈통' 따위를 믿는 바보도 존재하지 않겠죠."

순수 혈통, 단일민족이라는 개념에 물음표를 던진 이 실험은 유튜브에서 화제가 되었고 지금도 SNS를 통해 계속 퍼져나가고 있습니다.

1. '나는 한국인이다'라고 말할 수 있는 우리나라 사람의 특징은 무엇인가요?

2. 우리나라 사람들은 모두 단일민족으로 순수 혈통의 한민족일까요?

논리적으로 생각하기 2

다문화 아동만을 위한 지원 정책이 꼭 필요할까?

한국에서 다문화 가정의 학생으로 살아가는 것은 힘든 일이에요. 다른 학생들의 고민에 '정체성' 문제까지 더해 더욱 힘들 수도 있어요. 그렇지만 학업뿐 아니라 이성 친구, 진로 등 사춘기 청소년의 고민은 누구나 가지는 것이에요. 때문에 다문화 아이이기 때문에 더 힘들 거라고 생각하여 특별 대우를 하는 것 또한 편견과 차별이 될 수 있어요. 다음 기사를 읽고 더 생각해 봅시다.

교육부가 10만 명 돌파를 눈앞에 둔 전국의 다문화 가정 초·중·고생의 교육 격차 해소를 위해 올해 예산 191억 원을 편성하고 다문화 교육을 확대한다고 12일 밝혔다.

교육부의 '2017년 다문화교육 지원 계획'에 따르면 2017년 교육부는 지난해 전국 12개 시도 60개 유치원에서 운영하던 '다문화 유치원'을 17개 시도 90개 유치원으로 확대할 예정이다. 다문화 유치원에서는 다문화 가정의 유아에게 꼭 필요한 한국어 교육 및 다문화 이해교육 프로그램 개발을 위한 실습과 연구가 진행된다. 교육부는 "최근 갈수록 다문화 유아가 늘어나는 만큼 다문화 학생 비중이 높은 유치원을 중심으로 유아에게 맞는 다문화 교육 모델을 개발 중"이라고 설명했다.

이와 함께 교육부는 다문화 가정 학생의 학교생활 적응 및 기초학습 지원을 위해 4500명 규모의 대학생 멘토단을 구성해 맞춤 멘토링을 지원하기로 했다. 두드림학교와 학습종합클리닉센터를 통해 학습에 어려움을 겪는 다문화 학생의 기초 학력 향상도 유도할 예정이다.

최근 다문화 학생을 위한 다양한 지원 정책이 나오고 있어요. 그런데 다문화 가정이 아닌 저소득층 아동들은 오히려 이러한 지원에서 소외될 수도 있지요. 다문화 아동만을 위한 지원 정책에 대한 여러분의 의견은 어떤가요?

찬성한다. 더 많은 지원이 있어야 한다.

반대한다.

창의력 키우기

우리나라의 미래 모습은?

미래에는 우리나라에 지금보다 더 많은 외국인이 올 거예요. 이렇게 다양한 나라의 사람들이 우리나라에 오면 우리 사회는 어떻게 변하게 될까요? 미래의 모습을 상상하여 이야기해 봅시다.

예시 답안

내가 좋아하는 음식은 어느 나라에서 처음 만들어졌을까? : 빵

기원전 3000년경 바빌로니아인들로부터 시작되었다고 한다. 효모를 넣은 희고 부드러운 빵은 기원전 2000년경에 이집트인들에 의하여 만들어졌다. 우리나라에 빵이 알려진 것은 조선 말엽에 비밀리에 입국한 선교사들에 의해서였다고 추측된다.

나는 100% 한국인일까?

1. '나는 한국인이다'라고 말할 수 있는 우리나라 사람의 특징은 무엇인가요?

외모로 따진다면 한국인은 보통 눈에 쌍꺼풀이 없고 속눈썹이 짧다. 또한 몸의 털이 다른 민족보다 적다. 생활 습관을 살펴보면 찰기가 있는 밥을 좋아하고, 하루 중 한 번 이상은 쌀밥을 먹어야 식사를 제대로 챙겼다고 생각한다. 꼭 먹지는 않아도 반찬으로 김치가 항상 식탁에 올라온다.

2. 우리나라 사람들은 모두 단일민족으로 순수 혈통의 한민족일까요?

아시아 국가의 유전자 염색체 조직 결과에 따르면 순수 일본인은 5% 미만이고, 중국계 26%, 한국계 24%로 구성되어 있다. 우리나라 사람도 한족, 몽골인, 만주인, 일본인, 기타 남방 계통의 여러 유전자가 섞여 있는 것으로 나타났다. 염색체 배열 순서에 따르면 우리도 이미 혼혈 상태인 것이다.

다문화 아동만을 위한 지원 정책이 꼭 필요할까?

찬성한다. 더 많은 지원이 있어야 한다.
다문화 가정의 아이들은 부모가 한국어가 서툴기 때문에 많은 경우 학습 성취도가 낮으므로 다문화 아동을 위한 지원을 해 주어야 한다.

반대한다.
다문화 아동만을 대상으로 지원하면 다문화 가정이 아닌 저소득층 아동들은 지원에서 소외될 수 있다.